智元微库
OPEN MIND

成长也是一种美好

创造知识的方法论

知识管理系列

知識創造の方法論

[日]野中郁次郎 [日]绀野登 著
马奈 译

人民邮电出版社
北京

图书在版编目（CIP）数据

创造知识的方法论 / （日）野中郁次郎，（日）绀野登著 ; 马奈译. -- 北京 : 人民邮电出版社，2019.10（2022.7重印）
（知识管理系列）
ISBN 978-7-115-51493-6

Ⅰ. ①创… Ⅱ. ①野… ②绀… ③马… Ⅲ. ①企业管理—知识管理—研究 Ⅳ. ①F272.4

中国版本图书馆CIP数据核字(2019)第121137号

版权声明

◆著 ［日］野中郁次郎
［日］绀野登
译 马 奈
责任编辑 王振杰
责任印制 周昇亮
◆人民邮电出版社出版发行 北京市丰台区成寿寺路 11 号
邮编 100164 电子邮件 315@ptpress.com.cn
网址 http://www.ptpress.com.cn
河北京平诚乾印刷有限公司印刷
◆开本：720×960 1/16
印张：15.5 2019 年 10 月第 1 版
字数：141 千字 2022 年 7 月河北第 2 次印刷

著作权合同登记号 图字：01-2018-5195 号

定 价：59.00 元

读者服务热线：（010）81055522 印装质量热线：（010）81055316
反盗版热线：（010）81055315
广告经营许可证：京东工商广登字20170147号

目 录

/ 第四章 /

经营与知识的方法

致中国读者

我很荣幸地获悉，人民邮电出版社智元微库公司策划出版了“知识管理系列”图书，选入了我的部分作品。为此，我要特别感谢清华大学陈劲教授以及所有为该系列图书在中国出版而努力的人。

我提出“知识创造理论”距今已有 20 多年。20 世纪八九十年代，我在日本东京一桥大学的同事竹内弘高和今井贤一与我对日本公司的知识创新过程进行了广泛的案例研究。在进行这些案例研究的过程中，我意识到日本企业是通过“由内向外”的过程进行创新的，这有别于当时流行的组织行为主导理论，包括诺贝尔经济学奖获得者赫伯特 · 西蒙（Herbert Simon）提出的“信息处理范式”—— 一种“由外向内”的分析机制。我认为，企业应以“为社会创造更好的产品”为理念，以“创造未来”的精神实施创新活动。从这个意义上讲，企业需要更明智地开展商业活动和自我管理来造福消费者。

20 多年后，我们生活在创新经济时代，知识创造理论的价值比以往任何时候都更为重要。新经济要求商业组织创造新的价值观、产品、服务或流程。在当前的动态环境中，商业组织必须在“创新”和“死亡”中二选一。此外，它们还需要比前几十年更广泛、更明智地扩展业务视角和范围，因为我们看到，社会和环境中对商业事务有重大影响的问题的联系性与复杂性日益增强。商业组织不仅应反映客户需求或股东价值观，还应密切关注其他利益相关者、环境可持续性和社会问题，这些都是其商业模式的一部分。这样做给这些商业组织带来了严峻的挑战，因为商业组织试图控制的要素越多，就越难达成它们的目标。那么，它们如何才能完成如此艰巨的任务呢？在我看来，答案是知识创造和知识实践。

知识创造范式为组织创新提供了可行的解决方案。由“社会化、外显化、组合化、内隐化”构成的 SECI 知识创造模型，体现了隐性知识与显性知识相互作用创造新知识的组织范式。虽然商业组织知道这两种知识都是必要的，但是，即使我们生活在大数据时代，它们也需要在具体的业务活动中让隐性知识处于首要地位。身体经验和直觉（隐性知识）等事物构成了我们拥有的所有知识的基础，我们需要时刻注意人们正在经历的事情，以及我们如何交流感知和经验以获得新的想法和产品。最终，隐性知识促使“由内而外”的创新过程得以实现。

为了积累和综合新知识，我们需要一个“创造的空间”。我们称之为“场”（Ba），这一概念最初是由日本哲学家西田几多郎提出的。在场中，人们有意识、全心全意地致力于一个共同的目标，通过人际互动和环境互动产生新的知识。“场”是一个创造互动的临时空间。为了创造成功的场，我们通过关心、爱、信任和彼此接受建构的同情心与同理心，对“主体间性”（intersubjectivity）[①]的形成产生重要影响。主体间性使我们能够最有效地分享我们的隐性知识，从而产生更好的知识创造成果。这种知识创造的互动过程使我们认识到，我们所知道的取决于我们与谁互动、我们从文化和社会中了解到了什么，以及我们进行知识创造的环境是怎样的。人类的任何知识都是“集体知识”的一种形式。

知识创造的另一个关键之处在于，如何处理团队内部、跨团队以及组织之间的矛盾与紧张的关系。对组织而言，这些矛盾和紧张的关系既是巨大的障碍，也是巨大的创新机遇。这两个看似矛盾的因素不应该被视为泾渭分明的独立事物，因为这些问题是相互关联的。借助“动态二元性”（dynamic duality）[②]的概念，我们就可以把这些问题看作是互补的。动态二元性告诉我们，理解这些矛盾要素之间的关系和相互联系，能引导我们找到一个整体解决方案。

要做到这一点，我们需要所有相关人员积极参与，无论他们是项目团队、组织还是其他组织的一部分。在知识创造过程中，我们建议采用“自中向上而下式”的管理模式来达成这一目标。与组织过程的每一步都由少数组织成员（通常是经理或执行人员）命令和指挥不同，创造知识的组织应该吸收并授权参与项目的其他成员做出决策并执行有效的行动。随着组

① 德国哲学家埃德蒙德·胡塞尔（Edmund Husserl）深入与广泛讨论了这一概念，指人对他人意图的推测与判定。——译者注

② 动态二元性是指把相互矛盾的观点加以动态综合。——译者注

织承诺和共同目标的实现，不同知识的综合将产生真正、持久的影响。

实践智慧（或实践理性）推动了知识创造。实践智慧是指通过务实的步骤，坚持不懈地追求共同利益。这种智慧不仅使我们能够适应特定的情况，还能够创造我们想要的未来。我们的信念和价值观塑造了这一明智的决策和行动过程，告诉我们可以从所选的情景和行动中获得什么意义。

从本质上讲，知识创造是一个以人为中心的集体创造过程。正是基于我们作为人类的全部特征，我们才可以进行知识创新。在经济、环境和社会的发展遭遇前所未有挑战的时代，我们需要通过知识创造来应对。希望该系列图书的读者都能欣赏这些想法，共同创造知识，为社会的美好未来而努力。

真诚致谢。

野中郁次郎

2019 年 8 月 19 日

推荐序一

以“知识管理”赢得现代管理的新发展

在全球经济竞争日益激烈的时代，以“知识管理”的观点设计组织发展的哲学、运行体系、管理模式等显得尤为重要。

这是因为100多年来，管理学主要经历了两个重要的发展阶段：第一，以弗雷德里克·温斯洛·泰勒（Frederick Winslow Taylor）等人为代表的把员工视为“经济人”的科学管理阶段；第二，以彼得·德鲁克（Peter Drucker）等人为代表的把员工视为“知识人”的知识经济和知识管理阶段。

泰勒首次将管理视为一门科学。他指出，建立各种明确的规定、条例、标准，将一切管理内容科学化、制度化是提高管理效能的关键；并且他主张把计划职能从工人的工作内容中分离出来，由专业的计划部门去做。从事计划职能的人员被称作“管理者”，负责执行计划职能的人被称作“劳动者”。泰勒的理论在当时收到了很好的效果，但也存在一定的局限性。首先，泰勒的思想主要是解决工人的操作、现场的监督和控制问题，管理的范围比较小，内容涉及面也比较窄，基本没有涉及组织的供应、财务、销售、人事等方面。此外，虽然泰勒的理论使生产过程的管理控制合理化，但把雇员和业务都排斥在决策过程之外。法国的亨利·法约尔（Henry Fayol）、德国的马克斯·韦伯（Max Weber）等人对泰勒的管理思想进行了补充和完善。他们的管理思想聚焦于组织结构和管理原则的合理化，以及管理者职责分工的合理化，由此奠定了古典组织理论的基础。在科学管理的基础上，法约尔和韦伯等人的管理思想形成了成熟的质量管理和项目管理模式，并强调采用基于数据的管理体系。工业经济时代创立的管理学体系强调控制，但控制就意味着自上而下、强制性的管理。

早在20世纪60年代初，彼得·德鲁克就已经提出了知识工作者和知识管理的概念。在知识社会，最基本的经济资源是知识，知识工作者将发挥越来越重要的作用，每一位知识工作者都是一位管理者，知识型员工具有更高的素质、良好的自我管理能力，严格控制在他们身上显得多余。同时，严格控制会限制知识型员工的创造力。在工业社会，工作方法和程序由专家定义，而且一旦被定义，就不允许改变。因此，不管员工有多强的创造力，展露天赋的机会都大大减少。进入20世纪80年代，德鲁克提出“未来的典型企业以知识为基础，由各种各样的专家组成，这些专家根据同事、客户和上级提供的大量信息自主决策和自我管理”。

在“知识人”视野下，企业管理的哲学、风格、制度等应做出更大的转变。首先，减少“控制”思想，倡导“支持与关爱”模式。今天，管理者应该更多地关心和激励员工，创造适合的环境和条件，激发员工的潜质和创造力，使其实现自身的价值，进而帮助和引导员工实现自我管理。这种管理模式还蕴藏着另一个重要理念——无论成功或失败，皆有再挑战和激发勇气的精神，这是新时代企业管理的重心。

20世纪90年代中后期，素有“知识创造理论之父”和“知识管理的拓荒者”之称的野中郁次郎进一步发展了面向知识人的管理体系。在《创造知识的企业》一书中，他提出了知识创造理论，以知识创造能力来诠释日本企业的成功。该书是该领域的经典之作，于1996年被美国出版协会评为“年度最佳管理类书籍”。

有别于其他学者将日本企业的成功归结为各种“日式管理”特色，野中郁次郎通过研究索尼、松下、本田、佳能、日本电气和富士复印机等日本公司的创新案例，归纳出组织的知识创造能力——能“有组织地”充分调动蕴藏在员工内心深处的个人知识。他以波兰尼的知识两分法为基础，从“显性知识”和“隐性知识”的关系入手，认为知识管理一个很重要的目标就是挖掘隐性知识，即不仅对客观信息进行简单的“加工处理”，还要发掘员工头脑中潜在的想法、直觉和灵感。

野中郁次郎不仅系统地论述了隐性知识与显性知识的区别，还构建了知识创造的SECI模型：社会化（socialization）、外显化（externalization）、组合化（combination）和内隐化（internalization），这为我们提供了一种利用知识创造的有效途径。英国管理史学者摩根·威策尔（Morgen Witzel）认为，野中郁次郎对现代管理学的主要贡献体现在两个方面：第一，他是世界上知识管理领域最重要的思想家之一，他的论述几乎覆盖该领域的每个方面；第二，对西方读者而言，他是日本管理方法及技巧最主要的解读者之一。

野中郁次郎认为，建立在西方传统哲学基础上的组织理论归结为笛卡儿式科学思维的产物，如泰勒的科学管理理论就立足于用“科学”代替“经验常识”，西蒙的信息处理范式受到计算机和认知科学发展的影响，过分强调人类推理和组织决策过程的逻辑方面。他觉得，在这种科学理性视野下的组织，本质上是没有知识创造能力的“刺激 - 反应”式机器。他认为，企业并不是机械地处理来自周围环境的信息，而是有意识地创造信息，他在 1985 年出版的《组织进化论》中提出了该观点。

在研究中，野中郁次郎发觉，现有的信息处理理论不足以解释企业的创新行为。因为除了信息处理，创新过程还包括知识的取得、创造、运用与保存等多项活动。更重要的是，通过与许多创新者的访谈，野中郁次郎发现，创新通常来自创新者个人的信念。通俗地讲，这些信念就是他们对世界的看法，学术界称之为“心智模式”。传统的西方管理思想认为，企业是信息处理的机器，唯一有用的信息是可以计量的数据，而野中郁次郎认为企业是创造知识的平台。“在一个只有不确定性能确定的经济环境中，持续竞争优势的一个确定性来源是知识。”知识创造理论从认识论和本体论两个维度进行阐述，包括 SECI 模型、创造知识的“场”和推动知识创造螺旋的组织方式。他构建的“自中向上而下式”的管理模式，从理论上阐释了企业中层管理人员的实践智慧在创造知识的过程中所发挥的作用，而“超文本组织”结构则体现了东西方管理智慧的现代结合。

野中郁次郎运用东西方哲学智慧以及日本式思考和模糊处理方法，在日本企业成功实践经验的基础上建构了知识创造理论，以SECI模型为中心，将主观与客观、隐性知识与显性知识、直接经验与逻辑分析有机地结合起来，创造了一系列知识管理领域的经典之作。他的知识创造理论强调“人是最重要的资产，知识是企业的战略性资产”，并“以人为本”，统领现代组织管理理论。

多年来，野中郁次郎心无旁骛地把自己的精力集中在知识创造这一领域。他跟踪观察日本制造企业由弱到强的变化规律，深入研究了日本企业的知识创新经验，将佳能、本田、松下、NEC、日产、花王等企业新产品和新工艺的开发过程进行详细的剖析，准确地揭示了知识生产的起点与终点，清晰地辨识了知识生产模式的常规类别，创造了一个全面评估企业知识管理绩效的工具，并提供了促进知识创造的方式方法。他的研究涉及知识管理的各个方面，如“自中向上而下式”的管理模式确立了中层管理人员在企业知识创造过程中的重要地位，超文本组织结构则吸收了官僚制和任务团队的优点，将企业运作效率、稳定性、知识创造的有效性与动态性有机地结合在了一起。

近年来，野中郁次郎不顾年事已高，坚持每月深入企业进行案例研究；同时，他积极学习东西方哲学思想的精髓以发展组织管理理论，如知识如何向智慧演化，特别是他引入了古希腊哲学家亚里士多德的实践智慧概念。根据亚里士多德的观点，实践智慧应该是一种审慎的、基于实际的、有道德的智慧，也是在特定背景下对共同利益做出的最佳判断，更是一种高质量的隐性知识。

实践智慧的提出，将超越组织发展的“经济目标”和量化管理，而把培养具有高度伦理价值的信仰、为人类发现更多的善意作为重点，使其成为一个有使命感的组织。例如，本田宗一郎为本田公司提出的“三喜理念”（生产者的喜悦、销售者的喜悦和购买者的喜悦）、京瓷的稻盛和夫为企业制定的座右铭——“敬天爱人”，这些都是实践智慧型领导力的经典事例。

实践智慧的提出，也将进一步在德鲁克提出的目标管理的基础上，将信念管理理念更好地在企业管理实践中落地，即组织发展更应该关注调动员工的工作激情，激发企业持续创新，推动个人价值与企业愿景同步实现。

展望未来，企业管理的重点虽然需要依靠科学管理的思想，但是大数据和数字化转型也应成为中国企业管理的方向，基于 PDCA 的质量管理和 IPD 的项目管理仍然需要进一步发展。经济价值和社会责任并重、科学管理和人文精神同步的新时代，我们应高度重视隐性知识的积累和共享，以及基于 SECI 模型螺旋上升的知识管理。需要进一步指出的是，野中郁次郎认为新的知识管理将更多地依赖愿景型领导者、共情型领导者，知识管理也将从传统的管理工具走向新管理思想的营造，特别是要用亚当·斯密的“道德情操观”而非“国富论”来引领组织未来的发展。

陈劲

清华大学经济管理学院教授

清华大学技术创新研究中心主任

《清华管理评论》执行主编

国际创新与知识管理会议（iKM）创始人兼主席

全球“最具创新力知识型组织”（MIKE）大奖联合负责人

推荐序二

创造知识的能力是企业在不确定环境下保持创新的关键

“知识创造系列”图书的核心作者是野中郁次郎，他在书中以知识创造为核心，阐述了关于知识创造过程、知识管理、知识科学的研究理论，并结合企业案例分享了实践成果，获得了国际学术界和企业界的高度关注和评价，由此奠定了他在知识管理领域的重要地位。野中对时代的判断与彼得·德鲁克一致，即现在是知识经济时代，企业将以知识工作者为主体。唯有知识才是企业创造最大价值的源泉，创造知识的能力是企业在不确定环境下保持创新的关键。自 1991 年开始，野中在国际期刊上发表了一系列具有影响力的与知识管理相关的研究成果，同时他还在富士通等众多知名企业开展知识管理的实践。依托丰富的学术理论与企业实践经历，野中在开发知识创造理论、应用知识提升企业竞争力方面形成了具有重大价值的观点。野中最大的贡献是创设了一套组织知识创造的理论与通用模型，并在理论与实践层面进行深入浅出的解读，他也因此被国际管理学界公认为

“知识管理的拓荒者”“知识创造理论之父”。

野中早年在加利福尼亚大学伯克利分校工作过，主要研究市场营销领域中的信息处理。因研究领域相似，诺贝尔经济学奖获得者赫伯特·西蒙还曾为他的书作序。通过系列的“信息”研究，野中逐渐发现，信息的视角不足以支撑创新，很多时候，个人的价值观、信念对创新更具决定性作用。野中认为，不应该仅遵循西蒙的“组织就是信息处理机器”的观点，更应该将组织视为“有机生命体”，它需要创造知识以能动地适应环境。基于这一观点，野中逐渐将研究视野转移到知识领域，深入地探索分析其获取、创造、保存和利用的过程。

通过野中等人在《创造知识的企业》与《创造知识的方法论》中的研究，我们认识到，知识分为两种，即显性知识（可以通过正式语言或媒介传播的知识）与隐性知识（内心知道但无法将其转换成语言的经验性、身体性知识）。组织知识创造的关键就是对隐性知识的调动与转换。有价值的知识一直存于员工的大脑中，组织管理者需要做的就是把个体大脑中的知识“调”出来，“结晶”、固化并转换为其他人也能利用的知识。组织知识管理就是针对两种知识在个体、团队及组织层面进行转换和创新的活动。围绕这一主题，野中等人提出了著名的知识创造与转换的 SECI 模型，他们在模型中坚持本体论与认识论相结合的原则。野中强调，组织本身并不创造知识，个体才是创造知识的主体，且只有通过个体之间的共享，知识才会在团队、部门、组织层面汇聚发展并呈现螺旋上升的态势。

野中非常看重“场”的概念，认为知识创造的关键在于“场”与团队。场是一个活动的共享背景，发生在特定的时空背景下，它是个体之间知识交互与创造的基础。不同的场能通过相互连接形成更大的场。他在“知识管理系列”图书中反复强调场和团队，认为个体的知识只有在社会或场中得到验证，并与其他人的知识进行整合，知识才得以创造与发展。

野中认为，SECI 的四阶段分别在原始场、对话场、系统场及实践场中进行。这些观点是他强调中层领导者价值的理论基石。只有中层领导者才能更好地发挥场之间的桥梁作用，促进场之间、参与者之间的互动。中层领导者能更好地建立、激发和连接场，这从领导力入手为知识的实践管理提供了一个很好的抓手，即创发“场的领导力”。在以创造力应对不确定性的时代，领导者就是要建立“场”让员工能迅速地解决问题。野中在系列书中反复强调实践型领导力的培养，尤其强调培养创造知识附加值的领导力。我有幸提前拜读了由人民邮电出版社智元微库公司引进的这套“知识管理系列”图书中的三本，分别是《创造知识的企业》《信念：冲破低迷状态，实现业绩跃迁》《创造知识的方法论》。该系列书中的《创造知识的实践》《创新的本质》等也将陆续出版。

在《创造知识的企业》中，野中等人提出了“知识螺旋”“自中向上而下式”的管理模式、“超文本组织”等适用于组织知识创造的新概念与想法，这值得读者进行深思与实践。

《信念：冲破低迷状态，实现业绩跃迁》则提出了信念管理的概念。野中等人强调，在人际关系弱化、价值观被稀释的情境下，企业更要培育从目标管理（Management by Objectives，MBO）的世界观到信念管理（Management by Belief，MBB）的世界观，对组织中的个体信念进行管理。因为组织成员共享高质量的信念能让个体重获工作价值感，更主动地学习与工作，而领导也会成为更加称职的支持型领导。因此，在人事评价中，也应该增加信念管理的内容，关注组织是否具备培育个人信念及形成信念网络的能力。作者在《信念》一书中介绍了在企业中成功导入信念管理的关键方法，这使我们对信念管理的讨论不会只停留在理论层面，这本书将成为关注信念管理的领导者的必读之物。

《创造知识的方法论》是一本有关方法论的书。野中认识到了创造组织知识“方法论”的重要性，这促使他与绀野登于2003年出版了《创造知识的方法论》一书。该书的第一个重要价值是从哲学的角度分析了知识创造的原点，将知识进行了分类，并探讨了组织创造知识的认识论。野中本身非常重视隐性知识的重要性，而且认为从认识论来讲，组织知识创造“是在丰富隐性知识的同时将其显性化，然后对显性知识进行组合，并结合实践再次形成新的隐性知识，这是一个动态的螺旋运动过程”。隐性知识与显性知识会相互转换并产生新知识，它们处于动态发展过程中，野中基于这一观点提出了知识创造的螺旋模型。在野中看来，东方哲学冲破了西方主观与客观对立的“二元论”的藩篱，他的观点不要求主体确立，这使得我们可以在超越自我的主客未分状态下进行自由探索，并产生了“场逻辑”和“主词逻辑”。我们可以通过原型把经验和实践知识发展到最高阶段。基于此，野中与其同事竹内弘高洞见性地提出了知识创造的SECI模型。该模型提出知识创造的起点是社会化，并经由外显化、组合化和内隐化3个阶段，沿着螺旋式上升的运动轨迹持续推动知识的迭代和创造过程，整个过程并不是简单的重复循环，而是遵循辩证法的逻辑。

《创造知识的方法论》的第二个重要价值是通过多学科的分析找到了知识创造方法论的哲学基础，提供了知识创造的具体方法论逻辑。野中和绀野登认为，知识创造的哲学思想基础是巴斯卡的超验实在论。超验实在论认为，人类不可见的宇宙、自然和社会中本来就存在的机制很重要，单纯地通过封闭经验的实证或人类认知建立的理论模型都无法获得，要将两者结合起来，因此，超验实在论是传统实证主义和唯心主义的辩证综合。

基于这一哲学思想，野中和绀野登借鉴了社会学领域获取知识的方法精髓，提出了创造知识的方法论：要想创造真正的知识，需要原封不动地接纳行为的现场和现象（田野调查和胡塞尔的现象学），在此基础上提出假设（劳森的溯因推理），运用隐喻发现背后隐藏的结构和因果关系的过程（劳森的溯因推理）。在创造知识的方法论的逻辑中，有一个重点在于“概念”方法论。概念是新观点的起点，小到产品概念，大到事业概念、战略概念甚至企业发展愿景，创造概念及构建概念是组织知识创造的关键。概念处于设想—概念—理论这样的连续体之中，层次越高，组织和个人意识中的正当性就越强，主动创新也越容易实现。野中与绀野登认为，观察、概念化、模型化和实践化是创造概念的方法论“四部曲”。

针对每一步，他们还给出了详细而具有启发性的原理知识与实践方案。

我们可以先简单感受一下作者的思想，作者提出经验是设想的源泉，强调现场体验在获取隐性知识时的重要性（观察）。那么，如何才能不带偏见地体验呢？秉持西田几多郎的纯粹经验观点，作者提出可以通过采用现象学中的“悬搁”手段达到物我合一的体验状态，进而将社会环境共享为个体的隐性知识。要想将设想提升为概念，就涉及假说推理和溯因推理（概念化）。而溯因推理的关键就是隐喻。作者对隐喻的内涵和功能进行了阐述，认为隐喻能够帮助个体“言不可言之事”、发现隐藏的力量和结构、改变行为方式。正因为隐喻具有这样的功能，我们才需要在将表层设想凝练为复杂且看不见的机制或“概念”时借助隐喻这一工具。在设想转化为概念后，通过挖掘概念的要素之间的因果关系，实现要素间的整体化和有序化，理论便形成了。这个由概念到理论的转化过程被作者称作“模型化”，因此模型化包含两个阶段：将概念分解成若干变量和系统地搭建变量间的关系。这两个阶段都需要设计的知识，作者重点探讨了设计的相关知识。最后就是“实践化”，这需要考虑语言的表达，将概念综合起来，并利用讲故事的知识。这本书最后强调了领导力在构建知识创造场方面的作用，它不仅是在维护场，更在能动地创造场，构建知识的生态系统。

在知识驱动变化的时代背景下，阅读“知识管理系列”图书能产生极大的价值。通过这套书，读者会更清晰地了解组织中的知识是什么；知识创造是什么；如何在方法论层面上更好地进行组织知识创造……对这些内容的把握能让我们按照知识管理的逻辑主线去理解企业，理解组织创新力的打造。虽然读者在阅读时会遇到一些挑战，但掌握知识以及创造知识的概念和逻辑本身就是一种挑战。如果你愿意接受挑战，去理解、掌握这套书呈现的知识和知识创造的内涵，你也一定会在未来的企业管理工作中感受到知识带来创新的美好！

陈春花

北京大学王宽诚讲席教授

国家发展研究院 BiMBA 院长

2019 年 7 月 21 日于朗润园

译者序

21 世纪是知识经济时代，管理大师德鲁克指出："21 世纪的组织，最有价值的资产是组织内的知识工作者和他们的生产力。"越来越多的企业和组织开始认识到知识管理和知识创造的重要性，并将其付诸实践。关于这方面的著作也如雨后春笋，陆续在国内出版，满足了企业、组织的迫切需求。而野中郁次郎教授作为全球知名的管理大师，在提出了著名的 SECI 模型后，又写出了本书《创造知识的方法论》。如果说书店里摆放的大多数知识管理图书是教我们"怎么做"，那么本书就是要告诉我们"为什么这么做"。本书的日文版于 2003 年初版发行，迄今为止已是第 9 次印刷了，其受欢迎程度可见一斑。智元微库慧眼识珠，拿到了本书的版权，使得本书能够与国内的读者朋友们见面，不啻为一场"及时雨"。

本书深入浅出地分析了柏拉图、笛卡儿、杜威、西田几多郎的哲学观点与 SECI 模型中社会化、外显化、组合化、内隐化的对应关系，阐明了知识创造的辩证法，从现代社会学的角度探讨了什么是科学的知识的方法论以及结构、行为、意义、整合四条路径，进而提出了企业经营中隐喻、模型化、概念化、分解变量、设计等“概念创造”的方法论。这里面既有东西方思想的碰撞，又有古为今用的继承，探索出一条兼容并蓄的知识创造的路子。

纵观全书，作者反复强调实践的重要性，不管是观察也好，概念化也罢，离开了在经营现场的实践就无法产生新的知识，无法创造知识资产。拿来主义固然是一条捷径，省时省力，但是“鞋子合不合脚，自己穿了才知道”，所以本田在研发奥德赛时完全抛弃了以往的经验，选择一切从零开始。如果企业想要在弱肉强食的竞争中取得持续竞争优势，就必须“接地气”，贴近现场，贴近基层，贴近客户，贴近群众，把在实践中收获的知识转化为经济价值和智力支持。

SECI 模型是一个动态的螺旋上升过程，它之所以能够创造出新的知识，就是因为它进行了“辩证法的综合”。矛盾推动了社会历史发展，矛盾还可以激发知识的“破”与“立”，SECI 也符合“实践、认识、再实践、再认识”的循环过程。可以说黑格尔等人的思想对作者产生了重要影响，作者的学术思想不仅是动态的、联系的、全面的，而且是中立的、客观的、不带意识形态色彩的。译者在翻译时注意到一个小小的细节，很多日本人的著作都把抗日战争写作“日中战争”，而本书的原文即是“抗日战争”，作者的治学态度不言而喻。

在知识工作者的时代，经营现场每一个个体的积极态度都能够创造巨大的价值，催生新的知识。全国劳动模范、被称为“知识型企业职工的优秀代表”的巨晓林同志是中铁电气化局集团的一名技术员，先后参与了大秦线、京沪高铁等10多项国家铁路重点工程建设，创新施工方法114项，这正是把自身拥有的知识转换成实际价值的典型。作为知识工作者所属的组织，为了最大限度地发挥知识工作者的作用，“场的领导力”必须为员工创造交流对话、畅所欲言的环境，建立一个知识的生态系统，把员工培养成知识生产者。

作者明确指出，本书讲的是经营学而不是哲学。书中的各种方法论需要读者朋友们结合自身的实际情况去应用，只有这样才符合作者强调的“此时此地”的知识，否则就违背了本书的初衷。

作者的思想基于西方管理学，同时具有东方色彩，是知识螺旋运动的结果，读者朋友们如果能把其中的方法论转化为具有中国特色的知识管理与创新的实践，就说明真正读懂了这本书。译者认为，本书不仅对于知识经营来说必不可少，对于政府组织的知识管理和职能转变也有参考价值。

理想是发展进步的动力，现实是实现理想的基础，知识经营既要激发知识工作者的智慧与创造力，又要在现实中形成“场的领导力”。正如本书的最后所说：“我们必须把理想主义与实用主义结合起来，形成理想主义的实用主义，在怀抱理想的同时，慎重地认清现实，在内省的同时勇往直前，在为客户着想的同时超越个例，化苦涩为甘甜，持之以恒，孜孜以求，这种态度应该为今后的企业经营者、经营一线以及每个人所共有。”

马　奈

2019年春于敬什斋

前　言

自从拙作《创造知识的企业》付梓成册，“知识经营”的思维方式在世界各地广泛传播，因此常常有企业高层、一线负责人向我咨询如何在经营体系层面有效运用知识，如何深入学习并掌握每一名员工必备的“知识的方法论”。换言之，我们的任务是如何锻炼组织的知识能力，使其上升到组织文化的高度。

知识社会的企业、组织呼唤与20世纪不同的知识体系，关于这一点，笔者在撰写《知识能力经营》（1995年）的时候就深有感触，因此在该书出版后，笔者多次尝试具体研究知识的方法论，但很遗憾未能如愿。

一方面，知识经营围绕着知识创造的过程、“场”①的构建以及知识资产等若干主题展开。在知识管理越来越偏重信息技术工具的情况下，这些题目从知识的角度认识经营，希望实现知识经营的体系化。“场”尤其重要，

---

①“场”来自日本的一个哲学词汇，是野中郁次郎知识管理体系中的一个重要部分，它是知识分享、创造和使用的背景环境，既指物质空间，也指电子邮件、电话会议等虚拟空间和共享的经验、观念、理想等精神空间，或是这三类空间的组合。——译者注

它与实践社区、工作场所等能够从根本上改变企业架构的因素密切相关，因为在以知识工作者为主体的企业当中，企业战略、组织设计以及企业文化等会产生前所未有的巨大变化。

另一方面，当我们接触企业的一线，不断深化关于知识创造的思考时，我们不得不努力解决“知识是什么”“创造知识的本质是什么”“创造知识的方法论是什么”这一系列问题。自从进入21世纪，将知识经营付诸实践的企业越来越多，员工进修、培训等开始被纳入知识管理的内容中，我们也借此机会在领导力培训课程中进行了诸如以哲学家为题材的项目等。

因此，我们决定解决多年来的遗留问题，对知识的方法论进行总结。如果想要搞清楚知识创造，就必须涉猎传统哲学和现代知识，了解各个方面的哲学和社会科学理论。不过，这和我们平时对待哲学的态度不同，着眼点需要更加巧妙——要着眼于研究哲学家、社会学家是如何将知识转化、构建为方法论的。作为一次大胆的尝试，笔者希望将知识创造进行归纳概括，阐明综合性的经营知识体系。

野中郁次郎的专业是经营学，他1969年曾在加州大学的两位教授尼尔·塞梅鲁萨和阿瑟·施泰因齐科姆的指导下，学习过一年社会学理论与方法，亲身接触了构建理论的理论，即方法论这门学问。这一年的学习使他备受冲击，因为在日本人的观念里，只要解说一下著名学者的理论就能写出论文或著作，而野中却被追问“这到底是什么”“为什么会这样”。实际上，解读文献只不过是提出自己的概念或假说的准备阶段而已。当时野中还拜访了高根正昭先生，高根先生也从社会学的方法论中得到启迪，写出了名著《创造的方法学》。

时至今日，已经过去20余年，但当时学到的知识依然具有强大的生命力。在与世界各国的企业家交流的过程中，笔者深切感受到日本企业家不擅长洞察现象的本质并将其概念化，即缺乏概念创造力。因此，即便是个新手，也要以“初生牛犊不怕虎”的精神去尝试。经营建立在所有学问的综合实践的基础上，在人们日益重视经营的本质的知识社会中，企业家和官员都必须了解知识的方法论。基于共同的观点，野中和绀野合著本书，本书的书名也是以上述问题为中心来探讨“方法论”而不是“方法”。

绀野以建筑学为知识背景，尝试把建筑学以及更广泛的设计原理运用到知识社会价值创造的最前沿，即企业经营中去。建筑学的定位像两栖动物一样，无法完全归入理科或文科，它属于创造性的、综合性的知识。在充满未知的时代，我们未必能够准确把握周边的大环境，大多数情况是以其为出发点进行逻辑推理从而得出结论，因此，想象力和建立假设至关重要，它们是设计的精髓。此外，这种知识创造的方法论及其衍生出的范式可以作为知识资产，进行二次利用。

于是绀野设想通过引入设计管理的概念以及知识经营的实践，把设计、建筑的原理应用于知识创造的核心——未来的创造性经营中，但目前仍然道阻且长。绀野在知识管理大师野中郁次郎的求索精神的影响下，共同执笔本书，迎接挑战，把研究推向深入。

本书在上述背景下应运而生，记录了知识工作者对“知识创造是什么”的思索历程，是一部总结前辈先贤智慧的“笔记”，阐述了不少知识类型、概念的方法论等，旨在深化对知识创造本质的理解。虽然还是半成品，但必定能对建设知识企业、培养知识经营人才有所裨益。本书既不是工具书，也不是教科书，只是希望读者朋友们能作为知识工作者去身体力行体验知识的训练过程。

本书的另一半需要靠读者去完成，要想把这里的显性知识转化成隐性知识，“经验”是必不可少的助推器。那么请读者朋友们把本书放在身边，或拿在手头，或放入抽屉，或装进包里，时不时地翻看两眼，做好日常的知识训练，无论哪种方法都可以，就像本杰明·富兰克林把十三项美德作为平常的生活目标那样，然后观察自己的思想、行为，进行内省，或者在实际的概念创造过程中体会观察概念化、模式化、实践化等知识创造的整体面貌。对于知识工作者来说，这些做法都能将日常的知识体系内化于心、积累成型。

本书在出版之际，我们从关注这个看似不起眼的题目的各位同仁那里得到了很多宝贵的意见，在这里无法一一列举。我们特别感谢富士施乐公司社长小林阳太郎先生，他举办了长达 10 余年的尼德姆训练营，我们正是在这样一个知识交锋的场合下将经营与哲学联系在了一起。在本书的写作过程中，我们向东洋大学教授山口一郎先生请教了诸多现象学的问题，一桥大学研究生院国际企业战略研究科科长竹内弘高为我们提供了哲学研究的良好环境，研究科助手渡边理津子、田园真理子为文献收集和图表制作提供了帮助，在此一并表示感谢。在成稿期间，大上信久先生自 2002 年年中起认真细致、全力以赴地整理文献、统筹原稿，东洋经济新报社的胜木奈美子女士以极大的关心和热忱鼓舞笔者，在此致以诚挚的谢意。笔者的家人，特别是贤内助野中幸子、绀野久美给予了理解和支持，她们不仅守护在埋头书山、奋笔疾书的笔者身边，还告诉笔者许多源于平凡生活的知识，谨以此书献给她们。

野中郁次郎　　绀野登

引言

知識創造の方法論

掌握知识的方法

第一节　新的经营知识

从 20 世纪末迈向 21 世纪，时代洪流滚滚向前，世界范围内越来越多的企业开始重视知识，比如尝试利用信息技术实现知识共享，测算无形的知识资本的价值等，可以说这是把知识看作一种信息或有价证券的方法。那么为什么知识对于企业如此重要？是因为通过拥有、共享知识，个体、企业和组织能够持续性地创造知识，这种创造的能力将会成为压倒性竞争优势的源泉。我们曾从这一角度出发探讨了“知识经营”[1]，把知识管理称作以知识为基础的经营（knowledge-based management）应该最接近其本来的意义吧。

通过信息技术有效利用知识的动向只不过是知识时代企业和经营的冰山一角。知识超越了企业内部某个环节问题的层面，是决定未来组织、事业、企业形态的存在方式的关键概念，知识经营是从知识的角度来看待经营的一种范式。

迄今为止，企业以物品、财产、店面空间、运输机械、工厂设备、土地等有形资产作为价值的基础，而今后人才将成为经济价值的主要来源，即企业将依赖于每一名员工的知识、能力、构想等。在知识经济时代，企业逐渐难以把知识当作自身的资源以及股东的所有物，像财物那样管理、积累，因此企业越来越重视员工的知识。另外，个人生存于这样的时代中，就必须重视能创造价值的知识训练，不断改进与知识相关的工作方法。

创造知识的方法论

最近，街头巷尾都在议论商业活动中创造性、逻辑性思考能力的重要性，这清晰地反映了面向知识经济时代的新需求。到目前为止，像信息处理那样的数字式思考方法或者联想游戏式的发散思维广为流行，只要说到求知方法，无非就是左脑型（逻辑思维）或者右脑型（发散思维），不过这些方法最终都跳不出片段性设想的罗列或局限性的逻辑梳理的窠臼。在岁月静好的 20 世纪，它们确实适用于按照给定的商品策划主题进行“头脑风暴”，抑或分析解决给定的问题，满足组织、企业的需求，提高知识生产率。

但是，未来的时代呼唤新的知识，这种知识可以创造前所未有的产品与服务的概念、系统、形态（原型）等，它不局限于解决特定的问题，它是“知识的方法”，不仅能够说明个人及组织的发展愿景、理念等，还能重新对其进行审视，进而思索、构建新概念、新政策。现在人们常说，除了知道“怎么做（How）”，还需要思考“是什么（What）”和“为什么（Why）”，我们不能缺少这样思考的人才，然而让人们这样思考的具体措施尚不明确。

在现实中，拥有独自构想或知识资产的员工，有的可以影响企业整体价值，有的从大企业跳槽引起知识流失，类似现象已经屡见不鲜，因为传统企业越来越难以融入知识经济的框架中。随着全球化的不断发展，昨天还被奉为圭臬的工作方式可能一夜之间就被完全颠覆。如果不常常扪心自问“我为什么在这里”，就可能在社会、经济、精神的坐标中迷失。人们愈发担心此类问题，比如数学家藤原正彦先生以下言论就极具代表性。

“前几天在某个审议会上，我说，‘想要做出局部的判断或只聚焦于当下，仅靠逻辑、理性或许就足够了，如果要目光长远，拥有正确的大局观，除了逻辑、理性，还需要情感。’出乎意料的是有不少人持不同意见。逻辑一定是从假设出发的，假设由提出者的世界观、人生观、价值观、人类观所决定，而这一切的基础则是教养和情感等。”（节选）[2]

对每一个人来说，掌握知识、努力生活变得日益重要。当然，知识也和个体的理性生活方式、自我实现以及自我超越的欲求密切相关，那么我们就不能忽视哲学的作用。

哲学与经营

从哲学上讲，一切问题在本质上都是独特的、具体的，不存在放之四海而皆准的解决方法。每一个个体在自己所处的被动环境或条件下，为了解决问题、继续生存，必须发挥主观能动性，迸发出思想的火花。在这个大前提下，作为全人类的生活方式问题，构建知识创造的方法论势在必行。

为了避免误解，在此澄清一下，我们并不是说以往的发散思维和逻辑思维等方法质量低下，而是说如果这些方法脱离了实际情况，只是单纯地作为工具来使用，那么即便能够机械性地得出一些答案，也不过是形而上学罢了。因此，我们认为不能只针对特定工作的某一部分或在某种情况下将各种思维方式当作技巧来使用，关键在于平常就把它们内化于心，作为自己认识事物的手段。从此意义上讲，知识训练对每个人都不可或缺。

基于以上观点，我们决定面向哲学寻求对策，但本书不是哲学著作，而是在讲经营学。说到经营学，人们大多会联想到系统性、科学性、机械论或实用性等关键词，但本书的出发点是人类的知识、现象、经验等实实在在的要素，它们反映出，在今后的企业经营中，知识逐渐发挥基础性作用所必然引起的意识与思想的变化。这些并非指个人的随感或经验，必须是富有深刻洞见的、关系自身生活方式的客观存在，因为我们认为个人的价值观与科学的相互竞争才是经营学。经营学本来就是综合性科学，同时也是一门艺术，经营现象起始于哲学，多种学科领域中的知识在经营实践中综合地显现。

比如科学虽然排斥价值观（主观），但人类的行为是基于价值观的。此外，经营学把各种各样的问题分解为具有固定性质的个人、团体、组织、环境等构成因素来进行思考，然而只靠分解这些因素无法理解经营的实际状况。虽然想把经营学当作科学，但如果对实践没有帮助，就无法判断其真伪。回顾经营学的历史也可以发现，科学性并不一定是好的理论的必要条件，因此，经营学积极引入主客观的相互竞争，将其作为理论模式的发展契机。经营学超越了现有的学科领域，非常需要具有实践性的综合能力，正因如此，笔者不顾才疏学浅，也要一试身手。

面向“知识的综合能力”

本书的写作目的在于提供各方面的素材，帮助知识时代的知识工作者摆脱现有框架以及观念性、抽象性论述的束缚，使其能不断创造知识。

本书的结构安排如下：首先对照哲学的传统说明“知识创造是什么”，然后回顾现代社会学的知识的语境，进而提出企业经营中概念创造的方法论。

引言部分提出了知识时代的需求及其背景等相关问题，阐述了知识在知识创造中的必要性。毫无疑问，知识工作者个人的知识训练或企业、组织中的“创造性知识模式”对产生知识并以其为价值源泉的企业来说越来越重要。

第一章讨论了知识创造的知识，在此基础上对创造知识的方法论的意义及必要条件进行了思考。首先介绍了古典哲学中最基本的知识创造的类型，说明柏拉图、笛卡儿等哲学家以什么样的视角和步骤来思考知识是如何创造的，这些不仅有助于理解知识本身，也与笔者一贯主张的以 SECI 模式为代表的知识创造理论紧密相连，是研究“知识创造是什么”的路标。

在过去的 20 世纪里，知识具有什么样的倾向呢？第二章以社会科学中开发了最具总括性的方法论的社会学经典为中心，分析了与包含 20 世纪主流哲学的知识的方法论相通的求知方式，这也适合说明经营这一综合性知识的定位及意义等。

在第二章内容的基础上，第三章结合具体事例讨论“概念”是什么，作为概念的核心的“理论”是什么，以及它们经历了怎样的形成过程。

第一章到第三章都是以知识工作者个人为对象，第四章则将前面的论述上升到组织层面，着眼于企业如何创造、形成知识资产，探讨企业的知识的方法论和领导力等问题。

第二节　知识工作者的时代

知识社会、知识经济的到来

近年来，“对企业来说，知识才是最大的价值创造的源泉”的看法在日本也引起广泛关注，出现了“知识经济”“知识经营”等概念。对于企业来说，运用知识能创造多少价值、如何催生新的知识是最重要的命题。

人们早已预见了知识社会的到来，我们已经生活在这样的社会现实中。自 20 世纪 60 年代起，社会学家、经济学家就纷纷指出知识的重要性。比如提出后工业社会理论的丹尼尔 · 贝尔（1919—2011）指出，由于资本和劳动向信息和知识转变，以知识为资源的服务业将取代工业的地位；彼得 · 德鲁克（1909—2005）认为，知识时代的来临将会给社会带来巨大冲击；阿尔文 · 托夫勒（1928—2016）预言，随着时代的变化，权力的来源将由军事实力向经济实力，然后向知识能力转变；堺屋太一（1935—2019）指出，日本向知识社会的转变迟缓。

实际上，自 20 世纪 90 年代至今，在全球布局的高收益企业是来自软件业、金融业、信息服务业、咨询行业、大众传媒业、生物制药产业等以信息、知识为核心的企业，产业的重心不断向知识迁移，这种变化正在把知识经济变成现实。到目前为止，制造业一直是批量生产型经济的代表，而制造业如何转变为“知识制造业”已经成为经营中一个重要课题，即如何超越传统的生产制造物品的观念，把在客户关系管理中积累的“市场知识”或来自各种技术性摸索尝试，以及品牌、专利等的“产品知识”作为附加价值融入物品中去。

在此过程中，知识资产的利用和旨在创造知识的整体组织能力（知识能力）将会作为企业价值来接受市场的评判，大幅超越有形资产的无形知识资产和知识能力将成为总市值、企业评价、业绩审核中的重要项目。市场青睐企业的知识资产，它是知识产权、专利技术、商品及企业品牌等的聚合，可以说，知识时代的经营就是在这样的企业价值得到肯定的同时，由组织来进行知识的创造和运用，并与客户、市场共同发展。

不过企业价值终归只是结果，即便曾经的企业价值和品牌资产价值很高，过度依赖它们也会给企业带来极大的风险。企业发展的关键不在于品牌宣传、投资人关系等方面的技巧，而在于知识创造和使用的一线实践以及作为立足之本的“知识能力”，因此企业必须搞清楚日常的知识实践到底是什么。企业和个人都已经踏入以往的经营战略、活动模式无法应对的领域。

知识工作者这个词虽然已经流行起来了，但它在本质上和白领阶层、工薪族是不同的。以前，工厂直接产生经济价值，白领所在的部门是生产业务之外的“间接部门”，但是现在创造价值的并不一定是工厂设备等硬件设施，而可能是以产品为媒介的解决问题的方法、服务、信息提供或把它们融合在一起的新的生产过程，这不分工种，不论行业，也就是说，个人和组织创造出的知识以及知识资产成了价值的源泉。因此，知识工作者不是“间接部门”的白领，而是作为创造价值的“直接部门”在工作中扮演了主要角色。每一名知识工作者能动地工作，他们通过网络汇集知识，换言之，知识社会中区别于20世纪的新知识的存在方式必不可少。与此同时，这也是一个暗藏危险的严峻时代，如果没有持续性的知识训练，就会落伍掉队。

笼罩日本的知识贫乏局面

在时代的巨大变迁中，我们反观一下日本的现状，日本企业的知识能力能在全球化的知识竞争中杀出一条血路吗？中层管理人员虽然能完成简单的思考和计划，但他们能提出震动世界的、极具深度的重磅概念吗？

有人说日本的课长、部长办事时大概只用两三页A4纸的方案去交差，但是在其他国家的企业，管理人员是否亲力亲为暂且不论，很多时候光是方案就有一本书那么厚。也有日本的商人抱怨，在和欧洲人做生意的时候，随着工作的进展和关系的拉近，双方会谈到哲学、文学、历史等话题，如果和对方谈话没有深度，则无法维持密切的合作。这是因为双方的组织习惯不同，与欧美相比，日本的课长、部长以集体意识来推进业务，日本企业对员工的要求只是具有普通的事务处理和按部就班的能力，不注重概念构建和思考的深度。

实际上，“有必要做这件事吗”“公司存在的目的是什么”等问题常常被当作影响和谐的因素而遭到排斥，人们常常听到“胡思乱想什么？还不去干活”这样的话，而部门内部的服从性很强，形成了随大流的风气。比如在实际的经营改革中，公司内部负责知识的上传下达的中层干部有时会阻碍改革的进行，也有不少人为了自身利益而消极抵抗，本末倒置的事情屡见不鲜。与热火朝天的讨论和创新性思维相比，遵循以往的经验、集体的心情或一般常识来完成工作更加顺利，这是大多数日本企业组织的现实状况。但如果只是把全球化经营时代需要逻辑思考、股东优先等停留在口号上，对具体行动一窍不通，那么最终全球化经营时代取得的成果不过是昙花一现罢了。因此，我们需要获得不受时代影响的思维和知识能力。

那么企业高层又该如何呢？不少欧美企业家都懂得哲学，虽然有人批评他们太抽象、脱离现实等，但一部分日本企业家只重视实际经营，把效益挂在嘴边。当然，我们不是说这没有意义，而是说光靠这种态度无法带来革新、创造、思考以及具有普遍性和价值的措施。数字背后隐藏着深刻的哲学和洞见。下文我们会讲到，从经营的第一线可以得到非常有意义的经验，但如果不反省、不重新审视这些经验，就无法获得真正的“一线思考”。单纯的经验主义可能使思维无法超越自己的经验。

除了一些被捧上神坛的例子，大多数企业的“经营哲学”都没有谈到人性和创造性。此外，一般在日本被称为经营哲学的都是过去的“成功原则”或“智慧”，而不是上升到适用于所有商业场合的普遍性哲学，许多企业家依然沉醉于过去经济高速增长时期的“成功原则”，十年来的不景气证明了日本企业缺乏革命性进步的事实。

日本企业有一种倾向，即虽然员工平均素质高且重视实际经验，组织和个人在知识、能力方面具有潜在的发展空间，但企业无法把它们作为概念进行体系化。这种潜在的能力现在可以用“产品制造”（的能力）这个词来概括，但我们所处的时代需要从知识的方法论的层面认识能力并超越自我。

深层次思考

在知识经济时代，生产率的驱动力之一是每一名知识工作者的动机。正如德鲁克指出，关键在于“自我选择”的思想。以下几点是参考德鲁克《管理未来》一书列出的知识劳动中提高生产率的条件。

- 任务定义：能动地思考工作的目的是什么。
- 自律性：劳动者本人负责提高生产率，自我管理，保持自律。
- 持续性创新
- 坚持学习并指导他人
- 注重质量：知识劳动的生产率不是量而是质的问题。
- 自我选择：对组织来说，知识劳动者不是成本而是生产资料，知识劳动者本人希望为组织工作。

白领时代需要的知识是提高效率和生产率的手段、进行战略规划的能力、提高产品附加值的设想或概念策划等，这是以工厂创造价值为前提的，原材料和零件在流水线上被赋予了价值，白领的任务是策划和管理。

但是现在创造价值的是人，知识工作者的登场具有划时代的意义。曾经工厂设备和劳动者是属于企业、资本家的生产资料，而现在，劳动者自己拥有了知识及知识创造的生产资料。因此德鲁克指出，知识工作者能动地、自我选择地工作才能产生最大的价值。

我们需要的新知识不是发散思维，虽然逻辑思维也很重要，对于决策来说不可或缺，体系性的思维方式能够有效管理工程、进度，但现在知识工作者需要的是全球通用的概念创造力及对前景的构想力。

以哲学为基础的知识的方法论

现实中，我们不会因为缺少新点子而感到为难，也具有足够的决策能力，这不正是因为我们发现了现象背后普遍性、本质性的知识吗？因此，我们必须重视哲学这种鲜活的知识。

哲学是人类知识活动的集合，除去实用主义、经验主义的部分，其他都与未来的营业额及预期收益无关。但自古希腊时代起，人类进行的知识训练至少有 2 500 年以上的历史了，它们对生存在知识社会中的企业和个人不会没有帮助。

本田的本田宗一郎、索尼的井深大、松下电器的松下幸之助等能力过人的企业家在某种意义上也是哲学家，他们不会高呼企业变革、高速增长等豪言壮语。能保持自身价值、稳定提高业绩的企业领袖会发出“苏格拉底之问”，可以说这类似于“要苏格拉底，不要恺撒”“要亚拉伯罕·林肯，不要巴顿将军”。[3] 保持谦逊意味着不执着于自我，从多个角度看待问题，一旦下定决心，就要坚决执行，这在本质上与柏拉图的哲学政治思想相联系。

哲学是典型的超脱俗世、不求功利的学问。人们常说日本企业家三句话离不开公司，因此忙于工作的商人或许根本不想考虑诸如“人为什么活着”“我们说知道了到底意味着什么”之类的问题。但如果我们想要搞清楚知识经济、知识经营所面临的“知识的知识”这个问题的历史起点在哪里，就不得不求教于哲学，第一章将带我们踏入哲学的世界。

第一章

知識創造の方法論

创造知识的方法论的原点

第一节 从哲学看知识创造的知识

作为根本性知识的哲学

知识一般作为行动指南、问题对策、判断及决策的标准、生活中必要的实践方法等与我们的生活密切相关。知识没有实体，但它能告诉我们面对实体、现象时应该如何行动，甚至能成为感动人类的力量。人生格言、人际交往、处事方法、商业原理与原则、理财技巧等主题的书籍应有尽有，商业活动也需要专业技术、经营及业务手段等各种各样的知识，不过这些都是实用性的技术知识，其实哲学中的知识才是事物的根本。

乍一看，“人为什么活着”这样的哲学问题与商业经营似乎毫无关系，但是不思索“人们为什么购买我们公司的产品”的商人无法取得成功。我们确实需要仅凭追逐利润和竞争原理无法阐明的哲学知识，看似少见的、难解的哲学问题实际存在于日常生活和商业经营之中。

说起令人费解的文章，很多人会联想到马克思。

> 如果你在恋爱，但没有引起对方的爱，也就是说，如果你的爱作为爱没有使对方产生相应的爱，如果你作为恋爱者通过你的生命表现没有使你成为被爱的人，那么你的爱就是无力的，就是不幸。
>
> （马克思《1844 年经济学哲学手稿》）

这段话其实讲的是“单相思”，但是马克思为了把自己的想法完全表达出来，不得不使用这样的语句。[1]究其原因，哲学话语的目的不是让句子变得诘屈聱牙，而是传达或使人了解用日常语言无法表达、无法理解的东西。

确证的真信念

传统哲学认为知识是“确证的真信念”，换言之，对于拥有或获得了某种知识的人来说，知识是长期以来正确的、可以称之为信条的“真”的东西，或者说他相信该知识是真的。那么所谓的“真”到底是什么呢？哲学一直在追寻这个问题的答案，也可以说这里包含了从哲学中回溯知识创造之源的意思。

真值条件理论大概有三种说法。第一种是对应说，即“真”是命题和事实的正确对应；第二种是整合说，即形式逻辑学认为命题内部、命题互相之间无矛盾且具有整合性；第三种是实用主义，即认为人类的认识是通过经验得来的，要从行动结果的有效性而非事实对应或抽象性整合来检验真理。它们看似是哲学问题，实际上是知识社会经营中的常见问题。如果没有这样的视角或思考，就无法判断组织内部的个体创造的知识是否为真。我们必须坚持积极地追求真理。

关注知识的“原型”

本书旨在论述“对于知识经营和知识工作者来说，应该如何构建知识创造的过程”，并非哲学读物。但只要我们能从几千年历史积淀的知识宝库中找出知识的创造方法的要点及过程，就能发现经营管理中有效的方法论。

在此，我们尝试着把杰出哲学家们的经典思想的精髓作为“知识的原型”进行横向观察，这项工作不是研究哲学，而是把哲学当作发掘事物本质的方法论来运用，也可以说是把哲学家的世界观、价值观浓缩成“原型（基本型）”的工作。当然，我们无法涵盖所有哲学家，这里仅讨论几个大家耳熟能详的人，比如被称为“哲学的源头”的柏拉图、“近代科学的始祖”笛卡儿、美国式经营的基础的实用主义的集大成者杜威、将东方传统思想纳入哲学体系的西田几多郎，他们都是知识的原型的创始人，都与知识创造的理论密切相关。

柏拉图（公元前 427 年—公元前 347 年）——理念与对话的知识

柏拉图出生于公元前 427 年，是把哲学定义为“爱智慧”的苏格拉底的弟子。在柏拉图之前，人们就开始讨论哲学问题，比如泰勒斯提出“水是万物之源”，赫拉克利特提出“万物流变”。我们之所以首先提起柏拉图，不仅因为他是第一个把关于知识的哲学体系化的哲学家，还因为他是唯理论即理性哲学的代表，唯理论与经验论两大流派共同构成了直至后现代的哲学。

柏拉图哲学中最有名的是“理念论”，理念的意思是事物的本质、真实的存在，柏拉图的原话是：“某物的理念就是某物本身。”[2]

柏拉图认为，我们可以用感官感知的现实世界是理念投射的影子或摹本，各种现象处于生灭变化之中，而理念是永恒不变的绝对存在，追求诸如真善美的理念才是产生真正的知识的方法。造物主根据理念来创造具体事物，所以事物因模仿理念而存在。“木工根据理念来制造我们所使用的床和桌子，按床的理念制造床，按桌子的理念制造桌子，其他事物亦是如此。”就此而论，共有三种桌子存在，即作为理念的桌子、因模仿理念而存在的可感的桌子，以及因模仿可感的桌子而存在的画家所描绘的桌子。也就是说，理念是事物的本质和事物模仿的原型。

柏拉图理念论包含的知识的原型就是不为现实中感官的假象所束缚，追求超脱肉体的理想和本质，所以只有真善美的理念才能真正创造知识。下面我们引用柏拉图的《斐多》[①]进行具体说明，柏拉图的著作都采用对话（问答）形式，他的思想常以苏格拉底之名说出。

首先，苏格拉底告诉年轻人西米，对于获取知识来说，肉体会遭受怎样的阻碍。

苏格拉底：“那么我们再说说怎样寻求真纯的知识吧。如果和肉体一起去寻求智慧，肉体是帮手还是阻碍呢？我是说，我们的所见所闻都是不正确的，这话对吗？可是如果视觉、听觉都不正确、不可靠，其他感觉就更不用说了。视觉、听觉还是最可靠的知觉呢。你说不是吗？”

西米：“我觉得没错。”

苏格拉底：“那么，灵魂何时能求得真实呢？因为带着肉体去探索任何事物，灵魂显然是要上当的。”

西米：“是啊。”

---

① 书中《斐多》选段参考杨绛的译本《斐多：柏拉图对话录之一》，略有改动。——译者注

接下来苏格拉底指出，脱离肉体的制约才能追求真理。

苏格拉底："那么，灵魂如果想求得真理，只能在思想里领悟到一些吧？"

西米："是的。"

苏格拉底："如果思想集中，不受外物干扰，一切声音、形象、苦乐都没有，尽量撇开肉体，脱离肉体的感受，专心一意地追求真实，这该是最适合思想的境界吧？"

西米："是的。"

苏格拉底："就为这个缘故，哲学家的灵魂蔑视肉体，并且避开肉体，争求孤独自守。不是吗？"

西米："显然是的。"

然后苏格拉底说明理念的存在。

苏格拉底："西米，我再问你。绝对的公正，我们认为有还是没有？"

西米："我们认为一定有。"

苏格拉底："绝对的美，绝对的善，有没有？"

西米："当然有。"

苏格拉底："有谁亲眼看见过吗？"

西米："确实没有。"

苏格拉底："或者有别的任何感觉接触过没有？我指人的感觉接触不到的很多东西，例如体积的大小、健康、力量等——也就是说，每一件东西底子里的实质。我们能由肉体来思考这种种事物的实质吗？一个人观察事物而要了解事物的实质，他先要尽心地做好准备，才能接触到这点知识。该这么说吧？”

西米：“就该这样说。”

最后苏格拉底得出结论。

苏格拉底：“一个人观察事物时，尽量单凭理智，思想里不掺杂任何知觉，只运用单纯、绝对的理智，从每一件事里寻找单纯、绝对的实质，尽量撇开视觉、听觉。概言之，撇开整个肉体，因为他知道灵魂有肉体陪伴，肉体就扰乱了灵魂，阻碍了灵魂去寻求真实的智慧。能这样单凭理智而撇开肉体的人，该是做了最好的准备吧？西米，这个人该比任何人更能求得真实的智慧吧？”

（柏拉图《斐多》）

柏拉图的思想是无视现实的理念至上主义，受到重视经验和科学合理性的哲学家以及尼采等彻底批判真理绝对性的哲学家们的抨击。不管他正确与否，追求理念的知识的原型为我们创造知识指明了一个方向。

柏拉图以“太阳”“洞穴”和“线段”三个隐喻来阐述理念论。“太阳之喻”把理念比作太阳，犹如可感的事物世界由太阳所主宰，可知的理念世界由“善的理念”所统治。万物之所以有可见性，眼睛之所以有视力，都是因为有太阳。同理，理念之所以有可知性，心灵之所以有认识理念的能力，皆因善的理念的存在。[3]

但是我们无法完全认识理念。如图 1-1 所示，在“洞穴之喻”中，一群囚徒世代居住在洞穴里，由于被镣铐紧锁而无法动弹，只能直视眼前的洞壁。囚徒身后燃烧着一堆篝火，火与人之间有一堵矮墙。墙后一群人高举人像、兽像与器物等沿墙而过，火光将雕像投射在他们面对的洞壁上，从而形成虚幻的阴影。囚徒只能眼望阴影，而无法瞧见实物，所以误以为阴影就是实物。有一天，一个囚徒挣脱锁链来到洞外，由于第一次见到阳光，他眼冒金星，头晕目眩，最终意识到这里才是现实世界。于是他回到洞中，试图解救同伴，但事情并不简单。被缚的囚徒们认为，太阳是理念，影子是现实世界，清醒的人突然由明入暗，视线一片模糊，遭到被缚的囚徒们的纷纷嘲笑。即便如此，我们也应该追求善的理念来生活，这正是柏拉图想要表达的。

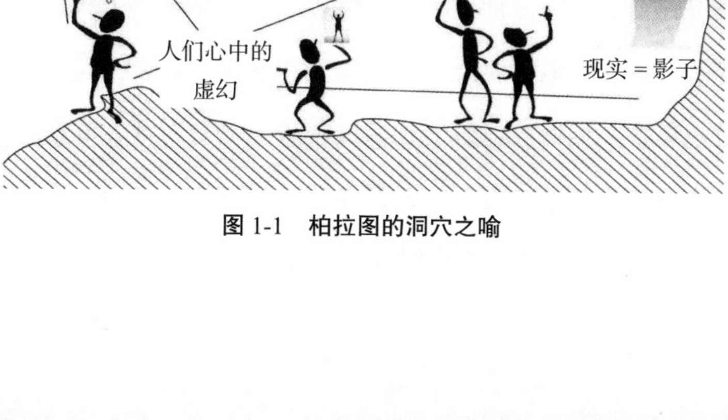

图 1-1　柏拉图的洞穴之喻

在《理想国》中，柏拉图用“线段之喻”来说明这种由影子向光明的转变对应了由可见世界向可知世界的转变以及受教育者的智慧从低到高的过程。[4]

众所周知，知识来源于对本质的追求，来自不断思索“这是什么”“为什么存在”，而肉眼无法看见本质。我们凭借理念发现普遍真理的存在，以此实现与他人和团体之间共享知识的目的。我们要追求真善美，知识是接近真善美的方法，所以知识可以成为生存的助力。知识的发展进步是多层次的、螺旋式的，但是现实的对面有更加本质、普遍的东西去照亮其前进道路，这就是理念论。

真善美的理念追求可以说是柏拉图哲学中最典型的知识的原型，同时也是柏拉图的老师苏格拉底确立的哲学的基本态度。苏格拉底的“无知之知”非常有名，他最先质问“对人类来说，终极真理是什么”，把“人”当作哲学研究的对象。人类拥有的知识是不完整的、没有价值的，认为人类像神一样“无所不知”的想法是错误的，明白自己什么都不懂，即“自知无知”才是人类的最高智慧。而正因人类无知，才能去“爱智慧”，这就是苏格拉底建立的哲学。

苏格拉底主要采用对话（问答）形式，他站在雅典街头，与年轻人和其他智者一问一答，他主要反驳的对象是智者派。智者派运用具体事例和修辞学讨论事物，但通过诡辩能把黑的说成白的。对此，苏格拉底力图说明“其实我们什么都不知道”的普遍本质，对话在不断追问“如果这不是本质，那本质是什么”的过程中展开，于是对手逐渐出现矛盾和逻辑破绽，陷入窘境，而苏格拉底认为这正是了解“无知之知”的哲学的知识创造的出发点。从柏拉图的对话录也可以看出，追求理念的对话才是柏拉图＝苏格拉底式的知识的方法论的根本。

苏格拉底把自己的哲学比喻为“助产术”，这是一种引导学生自己得出问题答案的教育理念。在他看来，灵魂、真理等本质性的知识是在每个人自身的努力（阵痛）下孕育而生的，在此意义上，哲学家是帮助人们创造知识（分娩）的助产士。

柏拉图的《泰阿泰德》中有一段关于助产术的精彩对话。对于“知识是什么”这个问题，苏格拉底告诉年轻人泰阿泰德三个答案，分别是“感觉”“真信念”和“真信念附加上说理”，但最终这三个答案都被否定了，因为对于求知者来说，最重要的在于过程。[5]

苏格拉底：当我们在探究“知识”（是什么）的时候，回答说它是正确信念附加上“知识”——不管是关于特性的知识还是关于其他什么的知识，这是非常傻的。所以，泰阿泰德呀，知识既不是感觉，也不是真信念，也不是真信念附加上说理。

泰阿泰德：看上去不是。

苏格拉底：小伙子，关于知识，我们是还处于怀孕和阵痛的状态中呢，还是已经全都生产出来了？

泰阿泰德：宙斯在上，就我而言，由于你的缘故，我已经说出了多于我本来拥有的东西。

苏格拉底：那么，我们的助产技艺宣告，所有这些产物都是风卵而不值得养育？

泰阿泰德：完全同意。

（柏拉图《泰阿泰德》[①]）

苏格拉底式的对话就是这样追求新知识的，它既不直接“授人以鱼”，又不寻找命题的结论，助产术是通过打破日常思维定式、从前提出发审视命题而展开的辩证法的方法论。

以下我们列举出苏格拉底 = 柏拉图式的知识的要素。

- 重视对话（问答）形式的知识
- “× × 是什么”，即追求本质型的知识
- 把困境看作知识飞跃的起点
- “自知无知”的思维能够产生新的知识
- 追求超脱肉体的理念、理想
- 追求真善美
- 普遍性才是价值之源
- 保持对知识的热忱

要想掌握这些哲学的“知识的原型”，就必须了解西方哲学中的二元对立思想，因为苏格拉底建立的西方哲学是探索“绝对真理是什么”的学问，

① 选段参考译本由商务印书馆于 2015 年出版，略有改动。——译者注

其根本问题常常围绕人类与自然、主观和客观、肉体与灵魂、感性与理性、经验和观念、身体与精神等二元对立模式展开。二元对立虽自古已有，但被称为“近代哲学之父”的笛卡儿明确提出了“二元论”。

笛卡儿（1596—1650）——分析与构建的知识

笛卡儿以确立理性主义，提出精神与物质世界的二元论而闻名于世，其思想距今已有近400多年的历史，现在依然作为常识根植于我们的脑海中。他在阐述追求真理的学术方法时指出：“在这个世界上，良知被分配得最为公平。”生活在知识社会中的我们仍然与笛卡儿所说的“良知的分配”息息相关。

为得出清楚且明晰的判断，笛卡儿采取了普遍怀疑（方法论上的怀疑）的手段。“任何一种看法，只要我能够想象到一点可疑之处，就应该把它当成绝对虚假的抛弃，看看这样清洗之后我心里是否还剩下一点完全无可怀疑的东西。”这种态度不是单纯的怀疑主义，它是为了触摸到绝对真理而采取的手段，是战略性怀疑事物的态度。它还从现实中找出值得怀疑的对象，逐个排除，去伪存真，也可以说这是一种分析性思维方式。

通过普遍怀疑，笛卡儿提出了著名的“我思故我在”，即我无法否认自己的存在，因为当我怀疑其他时，我就已经存在了。这个观念正是笛卡儿探索真理的出发点。

笛卡儿在《方法论》中为寻求真理的知识的方法论提出四条确证性的重要原则，引用如下（括号中是作者的概括）。这些原则可以被视为“知识构建”的方法论，时至今日仍然发挥着作用。

（1）凡是我没有明确地认识到的东西，我绝不真的接受它。也就是说，要小心避免轻率的判断和先入为主的观念，除了清楚明白地呈现在我心里、使我根本无法怀疑的东西以外，不要多放一点别的东西到我的判断里。（排除一切成见，只接受清楚明白的观念。）

（2）把我所审查的每一个难题按照可能和必要的程度分成若干部分，以便一一妥善解决。（将每个问题分成若干个简单的部分来处理。）

（3）按次序进行我的思考，从最简单、最容易认识的对象开始，一点一点逐步上升，直到认识最复杂的对象。就连那些本来没有先后关系的东西，也给它们设定一个次序。（思想必须从简单到复杂。）

（4）在任何情况之下，都要尽量全面地考察，尽量普遍地复查，确保毫无遗漏。（彻底检查，确保没有遗漏。）

可以看出，这四条原则反映出以逻辑思考为中心的思维方式，我们将其转化为以下四个步骤：

步骤 1：确立清楚且明晰的思考态度（价值判断）

步骤 2：问题细化（分析）

步骤 3：分步处理（解决）

步骤 4：彻底检查（验证）

在此过程中得以确证的事物的真实性就是笛卡儿所说的知识，其中最重要的是第一条原则，即作为起点的理性判断。

在笛卡儿的时代，中世纪的神秘主义和形式主义的影响尚未消失，“如何进行理性判断”是一个难题。同时，当今时代信息爆炸，如何把真正有用的知识在自己心中理性地重构——用现在的话说就是辨别信息真伪、接近真正的知识和信念的“决策过程”及“战略性思维”——同样也是难题。

江户时代初期的 1637 年，日本发生“岛原之乱”，而正是这一年，《方法论》的初版在荷兰莱顿印刷发行，这本书确立了基本的分析性方法，着实令人震惊。在科学知识方面，中国曾领先于西方世界，产生了印刷术、指南针、火药三大发明①，但没有形成科学的方法论。日本亦是如此，只拥有很强的实用技术能力。司马辽太郎的小说中也曾描述道，幕府末期的工匠自力更生，竟从一穷二白中造出了蒸汽机船。[6]

日本人本来就没有思想，或者说正因为没有思想才能一路走到现在，另一方面是因为日本人在科学技术方面很出色吧。一句话，无思想而有技术……如果把哲学也看成科学技术，就会很奇怪，不过作为一种素养，姑且算它是吧。

（司马辽太郎《发掘日本史》）

---

① 原文即如此，许多外国学者如培根、马克思等不提及造纸术可能是因为其改变世界的作用远不及其他三者。——译者注

换言之，日本人有能力运用隐性知识引进科学技术，却无法通过概念化引入思想，这就是问题所在，今后我们需要持续关注理性的概念化。

综上，笛卡儿式的知识的方法论具有以下特征。

- 对事物“普遍怀疑”的分析性手段
- 通过理性对事物现象进行概念化而得到知识
- 清楚且明晰的理性主义的价值判断
- 迅速修正错误

笛卡儿用普遍怀疑的知识研究哲学，其前提是世间一切事物都是可疑的、不确定的，而唯一可以确定的是正在怀疑的我自身的存在。正在怀疑的自己是“精神”，由精神意识到的客观世界以及自己的身体是“物质”，于是以主客观来区分自己和对象的二元论诞生了。沿着这个思路，世界是物质的而非精神的，如同机器一样，从而发展出了机械论自然观。

笛卡儿用以下思路确证了完满的神的存在。

- 人类如何知道自身是不完满的？
- 通过把自己与完满的神的观念相比较，懂得自身是不完满的。
- 但是不完满的人类无法产生完满者（神）的观念。
- 因此完满的神是存在的，他给予人类完满的观念。

笛卡儿进一步说明了什么是科学的态度：既然看似混乱的物质世界也受到完满的神的支配，那么其中就存在可以称之为真理的规律，人类应该注意避免谬误，从自然中找出神创造的规律。

神的完满性在当今时代听起来有些莫名其妙，但是笛卡儿把中世纪神学的形而上学与彼时蓬勃发展的自然科学巧妙地、辩证地结合了起来，提出了“使人类成为自然的主人和拥有者”这一实践性哲学，具有划时代的意义，而且他还开创了绵延至今的西方近代理性主义。这里我们提到了辩证法，它也是本书一个非常重要的概念，我们将在下文中详述。

或许有人觉得笛卡儿式的知识非常理性、冰冷无情，或者正相反，它们只是戏谑地称颂神的法则。但是笛卡儿指出，在发现真理之前，我们当然要在黑暗中不断摸索，在此过程中，不完满的人类的精神应该极力排除不可靠的欲望和感性，用清楚且明晰的理性来严格约束自己。《方法论》中有一段著名的“旅客的比喻”。

（在森林里迷路的）旅客绝不能时而向东时而向西地兜圈子，也不能停在一个地方不动，必须始终朝着一个方向尽可能笔直地前进，即使这个方向在开始的时候只是偶然选定的，也不要仅凭轻微的理由改变方向。因为这样做即便不能恰好走到目的地，至少最后可以走到一个地方，总比困在树林里面强。

（笛卡儿《方法论》[①]）

笛卡儿不单称颂客观真理，更强调追求真理的强大的人类意志、精神

---

① 中译本参考王太庆译本，略有改动。——译者注

的自由和信念的重要性。他“知识之树”的道德观影响深远，现在仍然受到许多法国人的认同。

杜威（1859—1952）与实用主义——行动与实证的知识

柏拉图从超越现实的事物背后寻找理念的真理，笛卡儿宣扬精神与物质的二元论，提出通过理性支配并拥有大自然，也就是说，他们都不是从现实中，而是从超越现实的普遍性以及理性判断的过程中辨别知识是不是真理的。和这两种哲学的知识的原型不同，经验主义哲学重点关注人类的经验性知识。经验哲学可以溯源到柏拉图的弟子亚里士多德，他批判柏拉图的理念论，追求凭人类感觉经验能够把握的现实的因果关系。此后，针对观念论的大陆哲学，英国产生了经验哲学，20世纪初，实用主义在美国成为主流，建立了完整的思想体系。

经验主义原本是洛克、贝克莱、休谟等人提倡的。洛克是英国著名哲学家、政治思想家（1632—1704），他认为人出生时心灵像“白板”一样，所有的知识都是通过经验得来的，他的思想确立了与大陆理性主义相对立的英国经验论的基础。休谟（1711—1776）则为经验论指明了方向，他认为“因果关系只不过是思想中的习惯性联想”，他站在真理不可知的怀疑论立场。

在休谟基于怀疑论批判传统形而上学的提示下，德国哲学家康德（1724—1804）“打破了独断主义的迷梦”，调和了唯理论与经验论的分歧。而随后，休谟作为实证主义哲学的主要代表受到批判。

实用主义（pragmatism，pragma在希腊语中的意思是“行动”）继承了经验主义的衣钵，高举“有用即是真理”的大旗，强调由经验确定的实用性，在美国成为主流思潮，并发展成一种哲学运动。它从现实世界中寻找真理的依据，在哲学的知识的类型上尤其与柏拉图的理念论形成鲜明对比。“实用主义”一词最早由哲学家、符号学家皮尔斯（1839—1914）提出，他的初衷是解决“如何明确概念”这个逻辑学方面的问题，19世纪末，威廉·詹姆斯（1842—1910）将实用主义发扬光大。皮尔斯批判柏拉图、笛卡儿凭借理性寻求真理的方法，他认为虽说是理性的判断，实际上往往受到个人主观取向的影响，他强调合乎事实的、不受人的主观思考影响的判断的正当性。

作为皮尔斯的朋友，詹姆斯将这种先验性的思想进行总结，形成体系，他把皮尔斯关于逻辑学中概念形成的论述扩展为普遍真理，指出他不追究观念（知识）本身是否为真，而是通过现实事件变成真的。

“假如一个观念或信念是真的，那么它的真在我们的实际生活中会产生什么具体的差别呢？真理怎样才能实现？如果一个信念是假的，何种经验会和由这种假信念而产生的经验有所区别呢？简而言之，从经验上来说，真理的兑现价值究竟是什么呢？”

实用主义在提出这个问题时就已经找到了答案：真观念是我们所能类化、能使之生效、能确定、能核实的；而假的观念则不能……

（詹姆斯《实用主义》）

按照詹姆斯的观点，真理“必须是在经验世界中产生效用的兑换价值的东西”，反过来说，效用的兑换价值，即适用于现实的观念，在其发挥效用的方面就是真理。比如信念能够使人心神宁静、获得勇气，这种结果意味着信念是“真理”。不过，欧洲的形而上学哲学家因此批评詹姆斯的观点过于功利，是一种反哲学。

虽然有人将其看成一种结果主义，但詹姆斯的本意是真理和知识本来就应该对人类的生活发挥效用，脱离了有用性的目的，真理就无法存在。皮尔斯、詹姆斯提倡的知识的原型可以概括为把知识应用于现实中而使其内化，获得实用性价值。

杜威在詹姆斯的影响下建造了实用主义的理论大厦，他进一步发展了詹姆斯“知识是人类的营利行为”的思想，把实用主义运用于伦理、教育思想等领域。杜威更喜欢把自己的理论称作“实验主义（experimentalism）”或者“工具主义（Instrumentalism）”，强调观念必须在实验中锻炼。这是行动和经验产生知识的观点，成为具有开拓精神的美国本土哲学。

> 知识的内容是已经发生的、完成的东西，因而是确定的、真实的。但知识参照的东西是未来的或前瞻的，因为知识可以理解为还在进行中的事情和未来应该做的事情，或提供一种手段，给它们赋予意义。
>
> （杜威《民主主义与教育》）

不同于笛卡儿把理性与经验对立起来的观点，杜威的思想是“动态的经验一元论”，换言之，经验就像科学的“实验”，观念是旨在解决问题的假设，是有效进行“实验”的工具。杜威实验主义的背后是一种积极面对未来、勇于探索知识的态度，坚持凭借理智得到新的价值，而不是拘泥于过去的价值。[7]

这也常常体现在他的教育思想中，为第二次世界大战后日本的教育改革带来了巨大影响。彼时学校教育偏重书本、语言等方面的学习，而他强调“从做中学”“从活动中学”的重要意义，在他的影响下，“二战”后日本的学校开始设置理化、音乐、图画和手工等实验室，他希望儿童通过直接体验学习和实验来追求真理。

杜威还重视经验中的个体和他人、环境的相互作用以及连续性，根据相互的、连续的经验，思维过程可以分为“提出问题—假设—推论—检验—确认”五个步骤。

综上所述，我们把皮尔斯和詹姆斯提倡的实用主义的知识的原型概括为以下几点。

- 知识形成过程中信念、习惯、行动的重要性
- 对待事物的实证性方法
- 动态地、能动地把握知识
- 知识工具说、作为假设的知识
- 强调行动、经验、结果
- 通过经验将知识内化
- 重视身体在知识中的作用

实用主义把经验置于哲学的中心位置，而和杜威处于同一时代的日本哲学家西田几多郎则以不同的视角看待经验。

西田几多郎（1870—1945）——纯粹经验与“场”的知识

西田几多郎生于1870年，是最先在日本建立独创的哲学体系的著名人物。他精通禅理，提出了具有浓厚佛教思想色彩的“无”的哲学。他虽然也像詹姆斯那样强调经验的重要性，但不同于单纯的经验主义，他使用了一个独特的概念——“纯粹经验”。

在《善的研究》中，西田用“纯粹经验”来表达凌驾于个体、主观经验之上的自我超越，于是东西方哲学发生了碰撞——西方哲学是“有”的哲学，即把真理当作一种实在的东西来追寻（我和真理是主客对立关系），而西田的纯粹经验反映了超越“主客对立”的“物我相忘、主客合一”的世界观。

西田的知识的方法论与夏目漱石（1867—1916）晚年提出的“则天去私”有异曲同工之妙。[8]夏目漱石和西田是同时代的人，致力于从东方视角确立小说的写作方法。日本的先贤与自然合一，融入混沌，不断获得生命力。“则天去私”是夏目漱石自己创造的词，意思是“遵照天理、去掉私心”，他关注的重点在于个人主义和利己主义的区别。在近代社会中，我们必须以个人主义的方式生活，个人主义原本建立在与他人相互尊重的基础上，但现实中自我优先的行为往往发展成利己主义。夏目漱石批判利己主义，认为只有脱离自我的执着，与天地自然混同一体，自由自在地满足精神的需求，这样的生活才真正体现了个人主义。

西田的观点更加明确，他在《善的研究》的序言中指出，最直接的知识才是自身哲学所追求的东西。

费希纳曾经说过，有一天早晨他坐在莱比锡玫瑰谷的凳子上休息，在和煦的春光下眺望着鸟语花香、群蝶飞舞的牧场，心里一反过去那种无声无色的自然科学式的、黑夜般的看法，而沉迷于当前现实的、真实如白昼的思考。我不知受了什么影响，很早以前就抱有一种想法，即认为实在必须是现实的原样，所谓的物质世界也不过是从这种现实中思考出来的。现在依然可以回忆起我高中时，一边在金泽的大街上走着路，一边像做梦似的沉湎于这种思考的情景。当时的思考或许就是构成这本书的基础。

（西田几多郎《善的研究》①）

“直接的知识”就是“纯粹经验”，表现出类似禅学中主客未分的状态，意味着“我”这一主观意识尚未形成的原始状态或混沌统一（见图 1-2）。比如我们在聆听美妙的音乐时，体验到的是“在看到一种颜色或听到一种声音的瞬息之间，不仅没有考虑这是外物的作用还是自己的感觉，也没有判断这种颜色或声音是什么”；比如“登山者拼命攀登悬崖时，音乐家熟练演奏乐曲时，完全是知觉的连续”。此时，我们完全不考虑音乐是空气的振动或自己正在听音乐，这样的内省与思考活动其实是之后产生的，换言之，“有经验才有个人，并不是有个人才有经验”。

---

① 中译本参考何倩译本，略有改动。——译者注

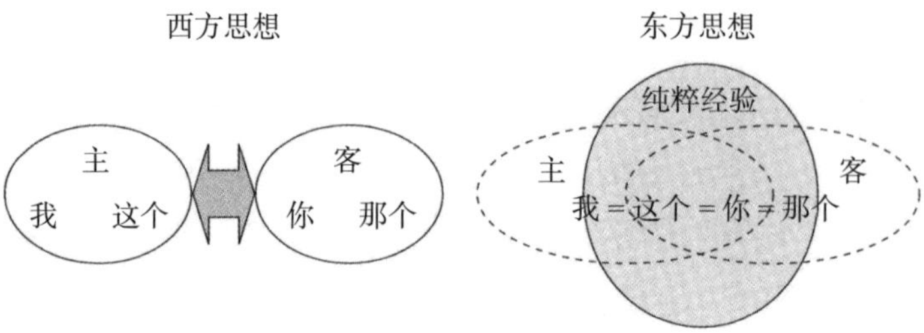

图 1-2 主客未分的东方思想

纯粹经验不是很容易理解，它和美国心理学家契克森米哈赖（1934—）提倡的“心流”的概念有相通之处。契克森米哈赖观察发现，艺术家、运动员、音乐家以及国际象棋棋手等人群在从事他们的工作时全神贯注地投入，获得了最佳体验，而且他们具有共通的感受方式，他们觉得工作过程中“纯粹”的愉悦感如同行云流水，所以契克森米哈赖把这个概念命名为心流。我们也可以把心流看成日常某个忘我的瞬间，或完全沉浸在某种活动中的经验，它们会成为“内在报酬”而促进精神的集中。

西田把成为内省和分析的对象之前的、无我忘我状态下的经验称作纯粹经验，那么喜怒哀乐、记忆、抽象思考以及意志等各种构成“我”的要素全都来自于纯粹经验。

在《善的研究》之后，西田出版了《自觉中的直观与反省》，进一步说明了纯粹经验的心理结构，他指出从“直观”到“反省”再到“自觉”的辩证过程才是自我①。“直观”是“主客未分的、知者和被知者合为一体的、按照现实原样不断产生的意识”，即纯粹经验，“反省”是自我发展的作用，

① 自我，即与非我相对。——译者注

是原本统一的纯粹经验产生的对立、分化的状态。但自我并不因反省而反复地分化，而是返回自身的根源，再次与直观结合起来，这种自我创造性的循环过程就是“自觉”。

西田提出了著名的“场逻辑”，把其中“绝对无的场”看作主客未分的超越自我的创造性和自我统一力的源泉。与他人交流，理解、推测他人的想法也属于这种主客未分的“绝对无的场”的范围，因此西田认为通过自我向“绝对无的场所”转变，个人与他者之间能够形成共同的体验。[9]

我们将西田哲学的要点总结如下。

- 按照原样直观地观察现实
- 作为形成知识的母体，“经验”的场
- “直观→反省→自觉”的知识的辩证发展
- 知识创造中“场”的重要性
- 在自我与忘我的循环过程中产生知识

第二节　从知识创造理论看哲学的知识原型

西方哲学的历史可以看作二元对立思想的发展进程（比如理性或经验），因此我们根据知识的原型（产生知识的知识）在二元对立中的倾向，选择了以上四位哲学家。他们追求真理和知识的方法清晰地表明了二元对立的类型，极具代表性。这些知识的原型实际上与知识创造的过程相对应，下面我们将详细说明。

知识原型的分类

分类标准来自以下四个方面。

从哲学的基本流派上看，柏拉图（理念）和笛卡儿（怀疑）是理性主义的代表，杜威（实验）和西田几多郎（纯粹经验）是经验主义的代表。

从对待现实的态度上看，笛卡儿和杜威面向现实寻求真理，而柏拉图和西田追求超越现实和自我的真理。

把以上两个标准交叉来看，追求本质和理念的柏拉图与重视经验和实用性的杜威形成对立，而提倡二元论、重视确证性的笛卡儿和提倡一元论、重视直观的西田形成对立。

此外，西田追求纯粹经验的自我超越，柏拉图从理念中发现超越现实的普遍性原理，二者具有共同点。笛卡儿和杜威都是用数学的、科学的方法追求真理，在对待知识的态度上趋于一致。

那么我们可以把知识的原型总结如下（见表 1-1）。表中不是四人的哲学内容，而是关于如何寻求真理的世界观的分类，即他们知识的原型，既体现了二元对立，又能看出共同点。如果把“追求真理”当作轴，四人的关联就能围绕轴心画成一个圆，换言之，知识的原型虽然不同，但追求真理的矢量绝不会改变方向，它会在对立中以画圆的方式形成一个循环过程。我们必须理解并掌握这一过程的整体面貌，通往真理的道路并非只有一条，要利用多种方法论，开拓视野，逐步接近真理。

表 1–1　四位哲学家的知识原型

	理性主义	经验主义
抽象（形而上）	**柏拉图** 追求本质（理念） 对话、辩论的方法 觉醒、转向 理性主义 保持热忱 追求真善美	**西田几多郎** 主客合一（纯粹经验） 内省的方法 忘我的知识 重视直观 有机的、生命体的 共同体验
具体（形而下）	**笛卡儿** 理性主义 分析性、战略性方法 追求确证性 物质的支配 数学逻辑、科学性 要求节制冷静	**杜威** 经验主义 能动性、实证性方法 重视信念、习惯、行动 重视实验 体验性、身体作用 结果主义

隐性知识与显性知识

我们回到知识本身，想一想知识可以如何分类。知识包括个人的、主观的知识和社会的、客观的知识两个方面，我们把所有知识还原为隐性知识和显性知识两大类（见表 1-2）。或许有些简单粗暴，但简单化能够体现强大的思考能力。

表 1-2 隐性知识与显性知识的比较

隐性知识	显性知识
无法或难以用语言表达的知识	可以用语言明确表达的知识
来自于经验或感官的直接知识	知识体系
此时此地的知识	过去的知识
靠身体的直觉，拥有诀窍和技能	有明确的方法、步骤，拥有帮助理解事物相关信息的辞典型结构
主观的、个人的	客观的、社会的
情绪化的、感性的	理性的、逻辑性的
现场知识	编码知识
常常受特定人物、场所、对象的限制	可以通过信息系统实现跨越时空的转移和再利用
可以通过感官的共同作用实现共享、发展	可以通过语言媒介实现共享、编辑

生于匈牙利的物理化学家、社会学家迈克尔·波拉尼（1891—1976）提出了隐性知识和显性知识的概念。隐性知识指的是我们心里知道但无法转换成语言的经验性、身体性知识，比如难以言表的想法、信念、视角、技巧等。而显性知识指的是把隐性知识用语言清晰地表述出来或建立体系后可以通过媒介传播、共享的知识。知识是隐性知识和显性知识的动态复合体，讨论究竟哪一个更重要是没有意义的，而且也不能只从这两个方面阐述知识，我们关注的是隐性知识和显性知识相互转换产生新知识的动态过程。

聚焦于这个动态过程时，我们要比波拉尼更进一步分析二者的相互作用。波拉尼认为隐性知识和科学知识（即我们所说的显性知识）是连续的、一体的，但实际上二者背后拥有认识论的深厚积淀，长期以来人们一直在争论孰对孰错。也就是说，它们虽然反映了知识的两个侧面，但性质是不同的。之所以说性质不同，是因为知识从一种类型向另外一种类型转变并不容易，不管是从隐性知识到显性知识还是从显性知识到隐性知识，都不会一帆风顺，其过程中会产生各种各样的冲突，会花费巨大的能量，需要发挥创造性的相互作用。

知识创造的模型

隐性知识和显性知识的相互作用会构成一系列知识创造的过程。知识创造是在丰富隐性知识的同时将其显性化，然后对显性知识进行组合，并结合实践再次形成新的隐性知识，这是一个动态的螺旋运动过程，由以下四个部分构成。

社会化（Socialization）：隐性知识产生新的隐性知识的过程

外显化（Externalization）：隐性知识产生新的显性知识的过程

组合化（Combination）：显性知识产生新的显性知识的过程

内隐化（Internalization）：显性知识产生新的隐性知识的过程

我们取英文的首字母，将这个过程命名为 SECI 模型（见图 1-3），它不是仅在个人、集团和组织等封闭领域内展开的，还需要将其引入社会情境（的知识）来动态地实现。

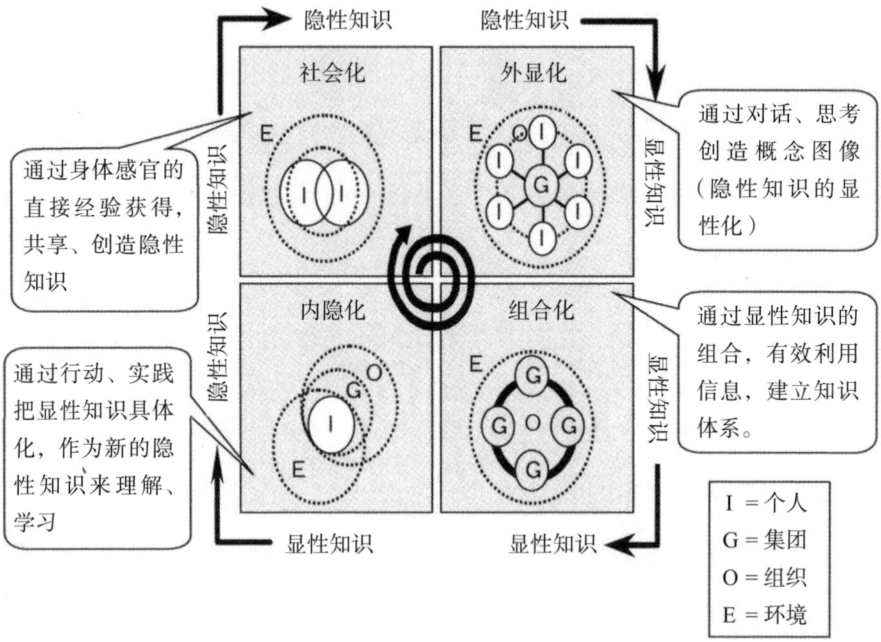

图 1-3　知识创造的一般原理——SECI 模型

社会化主要是以面对面的方式共享、获得、增加隐性知识的过程，其中超越主客体的共同经验和直觉很重要。典型的例子如学徒制、企业中的工作现场培训（OJT 培训，全称为 On the Job Training）等，徒弟通过观察、模仿和训练来领会师父的诀窍，通过工作现场培训，上司和技能娴熟的老员工在日常工作中把必要的知识、技能、工作方法传授给普通员工、新员工们。此外，与客户的共同体验也能使自己置于社会情境当中，与情境中的知识融为一体，进而获得知识。

在外显化的过程中，个人与集团的相互作用关系成为媒介，怀有想法

（隐性知识）的个人通过小组讨论与他人共享想法（隐性知识），将其同更高阶的理念、前景结合起来变成语言（显性知识），进而反复推敲语言的表达，创造出含有新观点的概念。

组合化指的是显性知识的获取和组合，它不是简单的拼凑，而是在分析的基础上，把已有的显性知识（外显化的概念）系统性地组合起来进行重构，催生新的显性知识的过程。

内隐化是把显性知识变成隐性知识的过程，即把显性知识吸收、消化，升华成自己的知识。那么对实验或现场的成果的反省就显得很重要，这些成果作为自己想法的结晶（如商品、技术、软件、服务等）被投入市场，与客户、供应商和竞争对手等一同创造新的知识，不断形成 SECI 模型的循环。个人在汲取社会情境中的知识的同时，能动地改造周边环境。

综上所述，我们可以认为这四个部分大致与前文列举的四位哲学家的世界观、知识原型一一对应（见图 1-4）。

- 西田几多郎：以纯粹经验为出发点，重视直觉，对应着社会化的知识原型。
- 柏拉图：追求本质，对应着重视对话、隐喻的外显化过程。
- 笛卡儿：重视分析性、逻辑性思考，对应着分析与综合的组合化方法论。
- 杜威：对应通过实践不断学习、领会的内隐化过程。

照片提供：灯影舍

图 1-4　知识创造的四个模型与哲学的知识原型

当然，哲学家们并没有使用社会化、组合化等概念，我们只是想说明这种对应关系。比如笛卡儿没有说自己的知识原型是组合化，但他的四条确证性原则其实就是分析与组合的知识。

这四种原型对你来说意味着什么？你最接近哪一种？应该采取哪一种？毫无疑问，四者都很重要，我们应该把它们作为在矛盾中转化、实践、螺旋发展的知识，含英咀华，为我所用。

本茨和夏皮罗指出，在当今纷繁复杂、纵横交错的知识环境中，追求知识的基本方法是综合运用各领域的知识来接近现实。他们的做法就是从日常出发，围绕现象学、解释学、批判性的社会科学乃至佛学，以螺旋状的形式解决问题、深化研究。[10]

为了生存的知识

四位哲学家以各自的视角把人类创造知识的动态过程发展成知识的原型，用各自的方法反复追问“不容置疑的、绝对的普遍真理”是什么。知识社会，把这些知识的原型当作范式应用于“知识创造”将带来显著效果。知识就是生存的力量，通过引入哲学的视角，知识工作者能够把知识创造的过程与自己的人生问题结合起来，现实地、能动地思考，从人类的知识宝库中找出适合自身的知识创造的方法论来学习。但在知识经济时代，我们所追求的知识绝不是绝对的普遍真理，而应以实践的形式深入现实和经验中去。因此，我们要博采众长、兼收并蓄，不能拘泥于一家之言。

19 世纪初期的法国哲学家奥古斯特·孔德被誉为社会学之父，他指出社会现象也应该从笛卡儿的确证性观点出发进行科学的观察。当时的哲学思潮动辄陷入抽象思辨、超越论和观念论，对此他批判说：“绝对的准则只有一个，那就是没有任何东西是绝对的。”企业经营的最前沿亦是如此，没有绝对的真理，没有绝对的知识，也没有万世不变的绝对的商业模式或经营方针，在激荡沉浮、日新月异的今天，我们必须努力生存、生生不息，时刻不能松懈。柏拉图在《理想国》中用“线段之喻”来说明人类接受了追求理念的教育后，逐渐从臆断或感性世界上升到知识或理性世界。[11] 如图 1-5 所示，线段表示受教育者的智慧随着年龄和课程由低到高的递进过程逐步发展变化，童年、少年时代，知识由模仿上升到信念（B—D—C）；从青少年时期到成年，知识由臆断上升到悟性（B—C—A）；50 岁后依然接受教育，认识事物的方式由感性上升到理性（B′—C′—A′）。我们必须持之以恒地深入实践，从中发现、创造、更新知识和真理，只有这样的知识创造方法才能走向成功。

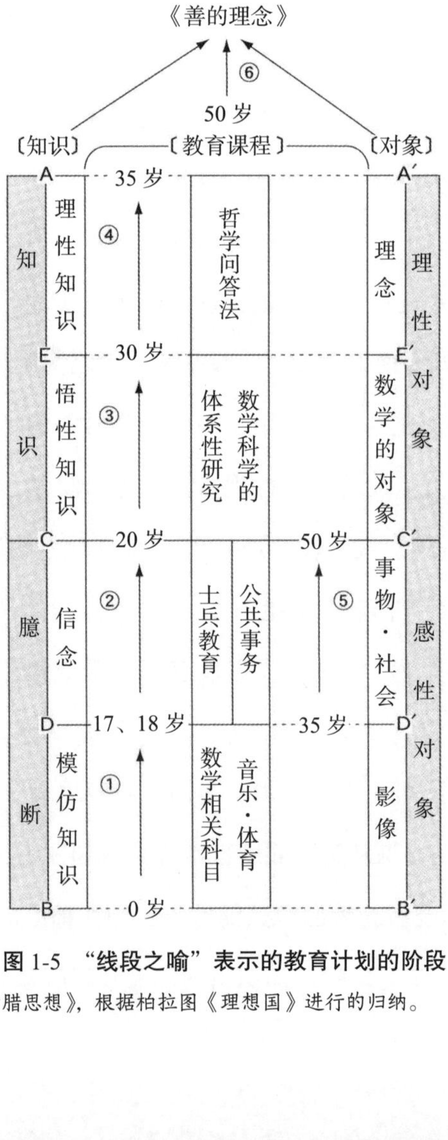

图 1-5　“线段之喻”表示的教育计划的阶段

注：山川伟也《古希腊思想》，根据柏拉图《理想国》进行的归纳。

第三节　知识创造的过程与辩证法的力学

知识创造的螺旋

知识对于我们来说既是工具，也是自我成长、自我发展的力量和信念。哲学是“爱智慧”的运动，知识创造也是催生智慧的运动，我们需要用运动的、现实的眼光去看待知识创造。社会化、外显化、组合化、内隐化，即知识创造的四个阶段不是相互分离对立、各行其是的，我们应该将其作为螺旋状的循环过程动态地把握。

在企业组织中，这个过程非常重要，总体的企业的知识创造必须要有显性知识与隐性知识的相互作用。知识的创造过程就是丰富隐性知识并将其显性化，组合重构、结合实践的过程。创造概念、制定战略规划、设计商业模式以及创新等都是创造新知识的形式，它们能够有意识地激活四种模型，成为组织发展的推动力。

通过各种实践与经验，知识工作者之间潜移默化产生的隐性知识经过外显化变成显性知识和明晰的语言，得以在组织内部共享。每一种显性知识经过分析和战略性整合而统一起来，成为一种实践性知识，企业的员工在内隐化的过程中把这种知识吸收、消化、升华。

SECI 的过程不是经历一次就结束了，对知识工作者及其所属的组织来说，日常螺旋状的周而复始至关重要，换言之，我们需要发现持续性的知识创造原动力并使其保持惯性运行。

重视运动的哲学家黑格尔

这种螺旋式的运动就是辩证法，黑格尔（1770—1831）从辩证法中发现了人类存在的凭据，因此，要了解知识创造就必须了解黑格尔。黑格尔是德国唯心主义哲学的集大成者，他认为人类存在的终极凭据蕴藏在对立统一的矛盾运动中，“绝对精神”产生和发展的自我运动才是历史。

从唯心主义和理想主义的因素看，黑格尔的哲学与柏拉图有共同点，在关注超越自我的“精神”方面与西田几多郎有相似之处。而我们认为，在论述理性与经验、主观与客观的对立统一这一点上，黑格尔哲学把上文中四个哲学家的知识类型视作一种动态的循环运动来把握。上文已经表明，四种知识类型中都潜藏着辩证法的力学，力的作用不是把四种类型相互割裂，力是使它们动态发展的能量。

黑格尔从在差别中保持同一性的精神的作用中发现，一切事物的发展变化都是对立统一运动的结果。辩证法就是通过对立统一得到真理。马克思和恩格斯发扬了这个观点，提出了有名的辩证法运动的三大普遍规律：质量互变、对立统一、否定之否定。

一切事物只要是有限的，其内部就必定含有否定自身的因素。正因为这种内在的自我否定，一切事物一定会从自身中产生新事物，或转化为新事物。比如自然界中液体变成气体，量的变化达到一定程度就会引起质的变化，质变达到一定程度又会引起新的量变。

矛盾的事物互为前提、互相依存，相互否定的同时又相互肯定。正如在量子力学的世界，玻尔发现光的粒子性和波动性在同一时刻是排斥的，但它们在更高层次上是统一的，可以说一切知识内部都存在着这种矛盾关系。

从否定旧事物中产生的新事物随后会被再次否定，这就是“否定之否定”，矛盾也因此得以暂时缓和。否定之否定作用下的统一可以看作辩证法的最终阶段，但那不过是一时的，矛盾的对立统一是波浪式前进和曲折发展的。

顺便说一下，黑格尔的辩证法包含“正反合”三个阶段，即正题、反题、合题，不过这个概念没有出现在黑格尔的著作中，它是德国哲学家费希特（1762—1814）在《全部知识学的基础》（1794 年）中提出的，马克思和英国的黑格尔学派借用这个概念来通俗地解释辩证法。

黑格尔在《精神现象学》中指出，对人类来说，重要的是把真理当作“主体”（活的实体）而不是“实体”来把握，并且“知识”存在于实体与主体的对立统一的螺旋运动中。

活的实体，只有当它是建立自身的运动或自身转化的中介时，才真正是现实的存在，换言之，它这个存在才真正是主体。“实体即主体”意味着它自身中包含着纯粹的简单的否定性，正因如此它是单一的东西分裂为二的过程，而这种过程则又否定了对立再次发生、分裂后的东西互不相干的状态。所以唯有这种重建自身的同一性或在他物中的自身反映，才是绝对的真理。

黑格尔偏爱使用的“对立”“分裂”等概念在知识创造中也存在对应的形式，比如个人知识被共享成为组织知识，或组织知识被内化为个人知识时产生理解的偏差与知识内容的变化等。按照黑格尔的观点，社会化、外显化、组合化、内隐化过程中出现的偏差和变化等对立的因素正是驱动知识螺旋式上升发展的辩证法的力量源泉，可以说其整体过程组成了企业的历史和精神。

辩证法的力学

辩证法不是黑格尔的专利，但在柏拉图 = 苏格拉底式的辩证法之后，是黑格尔将其放在个人哲学的中心位置。他发展了柏拉图 = 苏格拉底式的辩证法中的对立统一，发现了“否定之否定”，把对立统一看作知识“扬弃”到更高阶段的动态的内部运动，可以认为这受到了“万物流变”的赫拉克利特的影响。

黑格尔还猛烈批判康德的二律背反原理，指出没有矛盾的地方就没有实在的真理，矛盾才是真理的标志，是使知识能动地产生、发展的原动力，这种理性运动即人类精神辩证发展的最高阶段就是历史。黑格尔的观点对马克思和恩格斯的历史唯物主义产生了深刻的影响。

在这里，我们只是把辩证法看作一种知识的方法论，尤其是事物内部的矛盾运动与 SECI 过程的螺旋上升密切相关。此外，辩证法的意义还体现在两个方面，一个是运动和发展的动力，另一个是最终结束或走向同一的“综合”作用。

辩证法是综合性的知识的方法，能够准确理解人类思考的本质，它不是单纯的预定和谐[①]的直线运动，而是对立和否定作用下的曲折前进。知识的辩证法式的创造发展不是历史必然性那样的无情的规律，它需要我们跨越艰难困苦，披荆斩棘、砥砺前行。辩证法的思考离不开矛盾，离不开辛勤的汗水，它指引我们在更高层次上更加深入地探索真理。

知识创造从表面上看是隐性知识和显性知识的互动过程，但背后蕴含了上述哲学传统中与其相关的各个方面。与此同时，知识创造中的辩证法的力学与探索真理的崇高意志共同形成了产生知识的综合性的方法论体系（见图 1-6）。

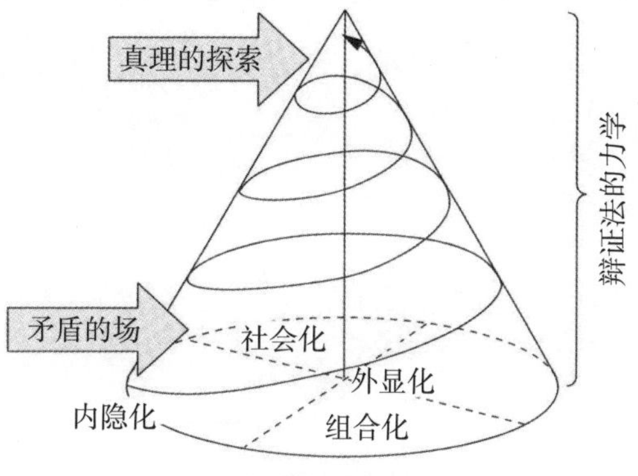

图 1-6　辩证法的知识创造模型

知识创造的过程（SECI）是从个人到个人（S）、从个人到集团（E）、从集团到组织（C）、再从组织到个人（I），逐步推进、螺旋上升的过程。社会化（S）和外显化（E）与创造性相关，而组合化（C）和内隐化（I）

① 预定和谐是德国哲学家莱布尼茨的观点，在《单子论》（1714 年）中提出。——译者注

与效率性相关，因此，这个动态过程本身就包含了隐性知识与显性知识、创造性与效率性的辩证法的对立。

不仅如此，个人对知识的能动作用在知识创造的过程中也会受到环境（世界）的影响。在把环境分析为对象的显性知识层面上，个人与环境是对立关系（主体对客体），但是在带有个人体验、没有被对象化的隐性知识层面，二者并不对立，环境融入“我”自身之中。总而言之，知识创造的过程用辩证法解决了主体与客体、个人与环境之间的二元对立问题。

“我”这个主体（个人）在受到世界（环境）的制约的同时，通过知识创造的实践为这个世界贡献新的知识，因此，这里所说的辩证法的力学并非受主体的自由意志或环境的影响，而是超越了二元论的存在。

作者笔记

东方的辩证法及其在“场”中的实践

黑格尔的辩证法的力学在西方为马克思的历史唯物主义所继承，在东方与既有的经验主义的传统相结合，超越了西方的二元对立，发展成具有东方特色的独创性知识原型。

东方思想是日本人文化环境的基础，我们从中可以学到一种有益于知识经营的知识原型。说到人无我有的知识，首先是重视经验和实践，其次是西方哲学执着于“我”这个主体，从而形成了主观与客观、经验与理性的二元对立的世界观，而东方哲学冲破了自我、主体的樊篱，并不严格要求主体的确立。因此，人们在超越自我的主客未分或无我忘我的状态下，以自由移动、自由切换的视角不断探索求知。

这两种不同的思想分别延伸到了“场逻辑”与“主词逻辑”的逻辑推理中，[12]前者是“根据在场中观察到的思考、意象的同一性进行的推理”，是具体的、感性的逻辑，也可以说是基于西欧的主词同一性的推理的前阶段。我们在日常生活中会不自觉地使用这两种逻辑，并使它们发展融合，形成辩证法。

东方艺术力求通过原型把经验和实践的知识发展到最高阶段，“守破离”的过程就是一个典型例子。“守破离”是由室町时代的传统戏剧能乐[①]演员、作家世阿弥（1363？—1443？）提出的，“守”是遵守基本的原型，规规矩矩地做事；“破”是对原型有所突破，不断摸索、试错，发掘自身的特点；“离”是从原型中独立出来，开创全新的境界。世阿弥超越了他的父亲、同时也是他的老师的观阿弥，写出了能乐理论著作《风姿花传》。世阿弥认为无论是茶道、花道、剑道还是柔道，所有的“道”都是传承而来的文化，都有自己的原型。但只有原型也是不够的，想要将其具体化（如能乐表演、茶点待客）就必须实际应用、有所变化，于是他开始创新，形成了具有自身特色的版本，同时也没有忽略本质。这突破了日本传统的经验主义的桎梏，是推动进一步发展创造的辩证的思维方式。

知识创造中社会化的代表西田几多郎指出，进入经验的深处、暗处，“于无形之物中见形，于无声之物中听声”，能够获得纯粹的经验。西田哲学还论述了从“直观”到“反省”再到“自觉”的辩证法的存在论，但它与黑格尔所说的精神的辩证发展有些许微妙的差别。黑格尔把从“自在”到“自为”的发展作为知识运动的第一步，而纯粹的经验是把经验辩证地分解开，是自上而下的螺旋，西田抛弃了客观的“自为”，把“自在”，也就是直观、纯粹的经验当作知识动态生成过程的第一步。换言之，只要能感受到佛家的“立处即真”——一切事相都是真性自如的反映——就能把经验纯粹化，这正是以东方思想为基础的西田的辩证法。正如西田自己宣

① 能乐，日语里意为“有情节的艺能”，是日本具有代表性的传统艺术形式之一。——编者注

称的那样："相对于西洋的'有'的哲学，我提出'无'的哲学。"他在某个侧面与西方哲学针锋相对。

重视实践的思维方式在中国古已有之。明朝的王阳明（1472—1528）提出了知行合一的认识论，《传习录》有云："知者行之始，行者知之成，圣学只一个功夫，知行不可分作两事。"王阳明的名言点明了詹姆斯和杜威实用主义的核心，但比他们早了约 500 年，这正是重视经验和实践的东方思想的铁证（见图 1-7）。

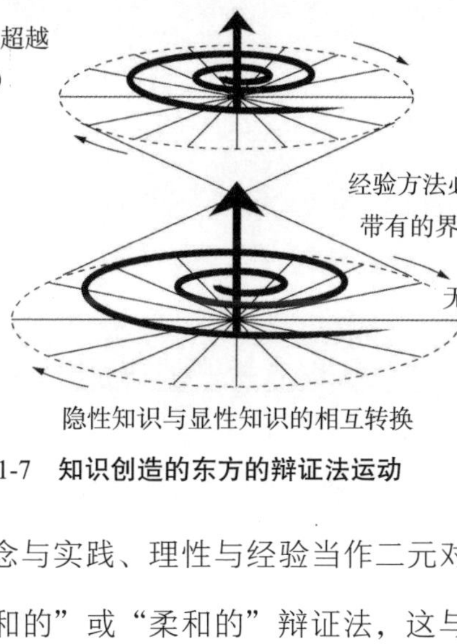

图 1-7 知识创造的东方的辩证法运动

把理性与感性、观念与实践、理性与经验当作二元对立是东方哲学的常态，也可以说是"缓和的"或"柔和的"辩证法，这与下文将要谈到的巴斯卡的超验实在论有相通之处。

知识创造的螺旋运动中有两个重要因素，一个是将丰富的隐性知识投入知识创造的过程中，另一个是参与人员需要自我成长。这种隐性知识与自我成长就是感性认识，即只能从直接经验中产生的东西，而直接经验就是实践。

20 世纪初，西方出现了现象学和社会学，人们开始认识到体验和田野调查的重要性。作为促进知识深化发展的动力，根植于东方古老传统的实践和经验也愈发受到科学以及存在论、认识论等哲学的关注。

第二章

知識創造の方法論

从社会科学看知识创造的知识

在第一章中，我们以传统哲学的知识为抓手，着眼于过程，讨论了知识创造是什么，介绍了在产生知识的同时个人与组织也得以发展的综合性运动，即 SECI 过程。其中我们最重视外显化，因为它是从隐性知识向显性知识转换，是不同类型的知识间的转换，需要花费巨大的智慧能量来创造概念。

那么在第二章中，我们将聚焦于意义和概念在知识现场的创造过程，讨论关于社会科学的知识。因为社会科学以分析、理解、说明人类社会及经济现象等为目标，是观察或创造人类的意图、动机和价值观等“看不见的东西”的知识的方法论。

通常认为，近代科学分为自然科学、人文科学和社会科学，其中社会科学是社会学、经济学、经营学、法学、政治学等学科的统称。在此，我们把重点放在社会学的方法论上，在这个领域，自然学科的实验没有效果，确立关于社会现象的方法论需要付出艰辛的努力。

接下来我们首先概括科学知识的方法论的类型及其时代意义与变迁，在“作者笔记”中探讨社学会与哲学的交叉点——现象学；其次以社会学为中心，论述人类学（田野调查）、现象学社会学等知识的方法论；再次，介绍“超验实在论”的方法，它不仅有助于观察“看不见的东西”，还越来越多地被应用于经济学领域；最后，纵览社会科学包括经营学在内的知识。

第一节 科学知识的方法论的意义与变迁

传统知识的方法论——演绎与归纳

从自然科学开始，近代科学得以确立，它所使用的方法论是古希腊亚里士多德以来传统的逻辑学，其典型代表就是演绎逻辑（deduction），即三段论。演绎基于形式，从一般原理推出特殊情况下的结论，下面是一个三段论示例。

“所有人都是必死的。”（大前提）

“苏格拉底是人。”（小前提）

“苏格拉底是必死的。”（结论）

演绎论证的步骤具有极强的逻辑性，如果前提为真，则结论必然为真。最近，基于这种理论论证来推进工作的各种逻辑思维方法很流行，不过三段论终归只重视形式，对现实的业务难以发挥实效。笛卡儿也在《方法论》中批评这一形式，他认为逻辑学的三段论以及其他大部分教学规则对于学习未知的事物没有帮助，仅仅有助于向别人说明已知的事物，或不加任何判断去描述不知道的事。

与演绎相反，归纳逻辑（induction）是从特殊到一般的推理，其典型方法是从一系列事件中找出共同规律或从数列中推导出公式。与演绎不同，归纳时即便前提为真，结论也不一定为真，所以归纳逻辑不是严格意义上的逻辑。另一方面，无论三段论如何正确，光凭演绎逻辑则无法超越前提，无法产生新的发现，基于此，作为从实验中积累理论的实证性方法，归纳逻辑就有了存在的意义。

从数据到理论的研究方法在培根、穆勒的尝试下最终完成，现在成为统计学的手段，也可以说这种由具体数据推导普遍原理的归纳方法是经验主义的方法，相反，从一般到个别的演绎方法是实证主义的方法。①

超越实证科学的界限

演绎与归纳是截然相反的萃取知识的方法，与其纠结孰对孰错，不如把目光转向二者结合产生的科学方法的界限。

想必读者朋友们也注意到科学世界已经出现了较大的思维转向，17 世纪以后处于支配地位的实证主义科学日益面临挑战。实证科学（positive science）基于实验收集数据，根据限定条件进行量化，仅认可实证过的关系，并将其扩展到其他事件中。现在，这种思维依然根深蒂固，没有过时，比如在经营学中，人们通过量化、统计分析企业行为和竞争，提出并验证假设，从而制定策略。19 世纪末到 20 世纪初，科学哲学的世界出现了针对要素还原主义和实证科学方法的种种反省。

实用主义的创始人、美国哲学家查尔斯·皮尔斯认为，科学的认识经历假说推理（abduction）或溯因推理（retroduction）、演绎、归纳三个阶段

① 实证主义认为，通过对现象的归纳可以得到科学定律，但它并不否定演绎，它们认为从经验中得出理论这一过程往往要借助演绎。——译者注

的螺旋发展来探索真理。这种演绎和归纳相结合或超越二者的尝试力求完全把握现象背后的真理的方法，在自然科学领域越来越引人注目。

英国当代经济学家托尼·劳森这样解释演绎、归纳和溯因推理。

> 演绎是从一般到特殊，比如“如果乌鸦都是黑的，那么随后出现的乌鸦也是黑的”或“如果所有的铜都导电，那么一截铜就能把电传到手上”。
>
> 归纳是从特殊到一般，比如“现在看到的乌鸦是黑的，因此所有的乌鸦都是黑的”或“每一截铜都导电，因此所有的铜都导电”。
>
> 与光凭现象就得出规律的归纳和不加思考接受命题的演绎相比，溯因推理所观察到的现象的层次是不同的，解释是更加深刻的。比如从“乌鸦是黑的”的现象中推导变黑的内在机制（为什么乌鸦是黑的），或从一截铜导电的现象中推导与内部离子传导相关的铜的导电性的本质结构。
>
> （劳森《现实主义社会理论的经济学中的关键问题》）

我们怀疑的是，实证真的靠得住吗？迄今为止，实证主义科学基于实验和经验（即归纳）接近“真理”、获得知识，并将其普遍化（即演绎），但想要从个别的实验、经验中找出普遍规律，要经历怎样的过程呢？

实验归根到底是科学家的特殊经验，但单纯的经验既不是“事实”也不是“真实”，只有当它成为社会中明确的或普遍的事件，即得到人们的确认时，它才是现实。而只有当它掌握了事件背后的机制时，才能称得上真实。也就是说，“现实”实际上存在不同的层次，但实证主义把现实和经验混为一谈。科学的初衷不是收集表面的数据和实验结果，而是解释隐藏于现实深处的机制和规律。

在 20 世纪即将结束之时，爱丁堡大学的科学哲学家罗伊·巴斯卡旗帜鲜明地倡导这种思维的转向，他提出了“超验实在论（transcendental realism）”或称“批判现实主义（critical realism）”，这是一种直观地把握隐藏于现实深处的真正机制进而解释现象的方法。超验实在论认为，（在实验室中无法控制的）社会现象不同于我们主观想象中的存在，它是独立的、真实的、客观的存在，不管我们有没有去观察或认识社会现象，它本身就是存在的。换言之，社会现象不是人们通过脑海中的印象创造的，它拥有自身特定的机制、力量和倾向。因此，如表 2-1 所示，只有经历了实验、现象、机制各个层次，才能达到真实。

表 2-1　经验、事实、实在和真实

	实验	现象	机制
经验领域	√		
事实领域	√	√	
实在领域	√	√	√

克服知识危机

进入 20 世纪，社会科学逐渐发展为现代知识，西方近代的科学理性主义逐渐陷入困境。20 世纪初哲学、逻辑学、物理学和数学等领域中各种新的知识形式粉墨登场。提出“隐性知识”的概念的波拉尼指出，真理的客观性其实只是幻想，这是现代知识对于近代理性主义必不可少的视角。他还用“洞察”这个词表达皮尔斯提出的溯因推理的重要性。[1]理查德·盖尔威克把波拉尼的观点总结如下。

> 对于现代世界来说，寻求知识的客观性是科学的方法，是真理的认定证书，没有人会怀疑这一点。但实际上它既没有通过科学来实行，也没有确立真理的力量。客观性的魅力归根到底在于把事实作为负有责任的参与和实践的替代品填充进去，但这不是真实的替代，而是假替代，没有冒险，没有价值，只是给了一个拥有知识的外壳。
>
> （盖尔威克《迈克尔·波拉尼的世界》）

19世纪末到20世纪初，其他科学领域也出现了新的知识革命，比如德国物理学家海森堡（1901—1976）开创了量子力学，在量子力学极其微观的世界中，观察者的存在本身会引起对象即现实的变化（光作为波观察就是波，作为粒子观察就是粒子）。总之，传统的主观与客观的融合性崩溃了，我们的世界观发生了改变。

西方近代知识强调科学的万能性和理性的世界观，而以上种种理论都是为了克服西方的知识危机。正如波拉尼指出真理离不开主观的实践，现代知识非常重视这一点，它的切入点就是以某种形式批判、重构近代知识，现象学就是这样一个典型的例子。埃德蒙德·胡塞尔（1859—1938）在批判实证科学的同时建立了自己的哲学，从根本上重新审视主观与客观的关系。

作者笔记

现象学——本质直观的知识

○ 怀疑日常

我们的日常平淡无奇，每一天像空气一样悄然流过，但是日常生活真的仅仅如此吗？

日常中的知觉对象是由我们自身自然而然地构成的。假设现在眼前有个骰子，如果认定它是正方体，就必须保证它正面的四个角都是直角且四边等长，但实际上眼前骰子的某一个面看起来是梯形或平行四边形，在这种情况下，我们也还是看见骰子的侧面就认定它是正方体。那么这种“看见”的行为在本质上究竟是什么呢？由此出发，现象学鼻祖胡塞尔开始了他的研究。[2]

胡塞尔的现象学肇始于 1900 年的《逻辑研究（第一卷）》，在对实证哲学的批判中形成了 20 世纪的“认识论”（因为在当时的语境下似乎难以称其为哲学），它使我们把目光转向潜藏于日常事项（胡塞尔称之为“生活世界”）中的哲学问题。

19 世纪，经验主义与实证主义大行其道，以数学、逻辑学等为代表，科学失去了现实性，徒增空洞。胡塞尔认为这是“丧失理论化的地盘的威胁”和“欧洲科学的危机”，于是他提出现象学的设想，试图恢复数学、逻辑学的本来面貌。

在胡塞尔看来，科学的基础存在于我们能够直接体验的日常生活中，其出发点就是自身内在的主观世界。不过直接经验常常被科学所忽视，因为经验科学性的思维讲求“客观地”把握事象。比如几何学最初产生于测绘技术，在古埃及，尼罗河泛滥后，平整土地都需要测量土地，这就是这一技术在生活上的必要性。科学，特别是自然科学的发展排斥真善美的主观价值，但是生活中对于真善美的价值追求才是做学问的根本目的。借用爱因斯坦的话说：“整个科学不过是日常思维的一种提炼。”胡塞尔认为只有原始的主观情境对科学、学问是根本性的，无论如何也要回到那里，换言之，不是从外部观察直接经验，而是还原到它的内部。

○ 现象学的方法

和笛卡儿一样，胡塞尔也追求世界的根本原理和不容置疑的真理，不过他们采取的方法是不同的，后者更加重视实践，并称之为“严密的科学”。胡塞尔对自己的哲学的定位是分析、描述在我们（存在者）的主观世界里知识呈现出怎样的现象，如何被体验，如何成为知识，这一过程就是现象学还原。

现象学还原的第一步是悬搁，又被叫作“加括号”或“置入括号”，意思是暂且停止正在进行的行为或判断。不管情不情愿，不管是习惯性行为还是社会行为规范，我们都在日常生活中随波逐流，不知不觉中按部就班地保持着这种惯性，我们无法实事求是地冷静观察、判断此时此地面对的事物。就比如我们能在早晨起床、洗漱、吃饭、上班的过程中认清自己应有的状态吗？遵循着既有的思维方式按惯性生活，就难以发现当前的本质和自身新的理想状态。因此，把此时此地正在进行的认识、行为、判断等放进括号里，即把日常世界这个“影像”暂停的观察方法非常重要。悬搁本是古希腊语，古希腊的怀疑派用它来反对哲学上的独断主义，而胡塞尔把它看作一种放弃一切判断的态度。

那么人们如何认识真实的世界呢？即便我们不知道世界是否存在，我们的意向活动（noesis）本身也不会消失。不过，除了“意识是什么”，其他意识也无法存在，换句话说，只能以“面向事情本身”的形式存在。胡塞尔把对意向活动来说的意向对象（或意向内容，noema）叫作“意向相关项”，在某种意向性的作用下，意向活动与意向对象得以统一的现象就是通常所说的“认识”（见图 2-1）。

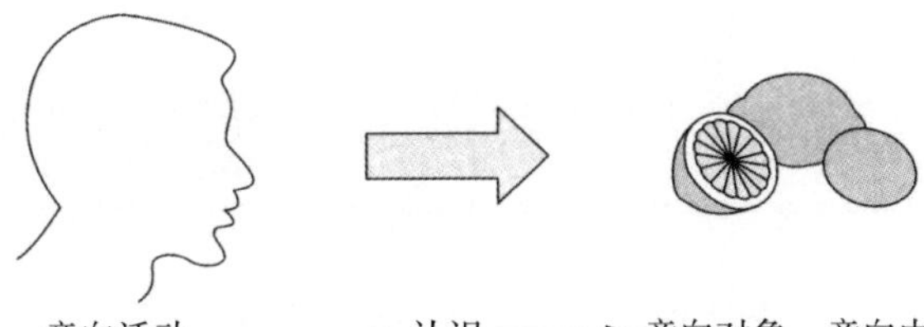

图 2-1　意向活动、认识、意向对象

悬搁之后出现的是“纯粹意识”，意识在本质上具有“面向事情本身”的意向性。即便“世界是存在的”这一判断停止了，在意向活动的作用下，我们的“本质直观”会自然地出现，此时从外部得到的正是最原始的感觉材料，现象学称之为“质料”（希腊语中是“材料”的意思）。胡塞尔指出，凭借这些材料，人类的意识可以拥有透视本质的能力。

胡塞尔倡导的现象学没有直接回答“世界是什么”“真理是什么”这些宏大的命题，而是从构成日常生活的意识的作用出发解释世界视域。

○ 知识乃创造之根本

现象学能够说明知识的形成过程，这对知识创造具有重要意义。根据胡塞尔的观点，知识不只有“对事物有明确或广博的了解”的词典意义，它更是我们意识中的一种信念。换言之，在最初阶段，从意识的外部得来的感觉材料，引起意向活动与意向对象的意向性相互关系，这就是知识。人类由此创造出双层的、超验的意义体系，在心理上、精神上确立了知识的地位。从严格意义上讲，发现新的知识是只在悬搁、给外部世界加括号的时候出现的一种经验，这正是创造新知识的开端。

胡塞尔在评价伟大的天文学家伽利略时留下了这样一句名言：“他既是发现的天才，又是掩盖的天才（胡塞尔《欧洲科学的危机与超越论的现象学》）。”意思是伽利略在发现宇宙和自然规律的同时把规律化之前的宇宙和自然掩盖了。真实的自然最初没有被规律化，然而我们却把规律化的世界当作现实，也可以说意义与现实的关系逆转了。如果某种知识构成了具有普遍性的模型，它在成为发现的手段时也可能成为掩盖的手段。

因此，在创造知识的过程中，我们不能本末倒置，应该从最自然、最真实的状态中创造知识。实际上，在我们关注到某个事物之前，感觉材料原本具有的意义会逐渐汇合。我们平时无意中受到各种各样的刺激，它们随着时间的推移产生相互作用，感觉材料的意义就慢慢地显现出来，这便是胡塞尔所说的“被动综合”。[3]当意义（语言）出现时，我们的身体发挥了作用，因为语言“映衬出身体在呼吸”。所以在知识创造的过程中，与现象学的身体经验（隐性知识）相关的社会化和内隐化承担了重要作用。比如“站在客户的角度”[4]这句话在经营现场屡见不鲜，它就需要一种现象学还原的手段。要想真实地体验他人的感受，首先要悬搁“我看到”这种寻常的想法，采取“认清事物需要什么样的过程”这一现象学视角。

总之，现象学是一种实践性的方法论，按照悬搁、现象学还原、想象的变化、综合的步骤进行调查研究（见表 2-2）。

表 2–2　现象学的研究步骤

名称	现象
悬搁	作为对象的现象： • 停止判断 • 开放地看待事物 • 保持注意力 • 使用内省的思维
现象学还原	直接认识现象（体验）： • 经验的实质与意义的反刍 • 描述悬搁后发生的情况和自己内在的印象
想象的变化	描述经验的结构： • 发挥想象力，从多角度观察，提炼意义 • 发现隐藏的结构，找出最合适的例子
综合	对以上工作进行直观的整合： • 统一描述已经发现的经验和结构（整体描述现象的经验的本质） • 无法涵盖所有经验（只是观察者个人在特定场合下对本质的把握）

第二节 社会学的研究方法

综上所述，20世纪的社会科学走出了封闭的实验室，在开放的现实中发展为“看见”不可见的东西的知识，其中最为具体的方法论当属社会学。

当代社会学家彼得·伯杰（1929—）指出：“人类的集合体在自洽且常常潜藏着的动力学的作用下运行”“可见的人类世界体系之下存在着看不见的、有待社会学家发现的、隐藏的利害关系和权力结构”。[5]下面我们由此出发，分析社会学、田野调查、现象学社会学、知识社会学等知识的方法论的精髓，从结构、行为、意义等层面探寻看不见的东西，然后把它们整合起来。

社会学——行为还是结构

实证性概念形成的方法论

社会科学的中心是社会学，社会学的源头可以追溯到法国的奥古斯特·孔德（1798—1857），他认为社会是超越了个人聚合的有机体，提出了著名的社会发展“三阶段法则”：人类社会经过“神学的阶段”和“形而上学的阶段”，利用对事物的观察、假设、实验、推理、验证的近代科学方法，可以获得真正科学的、确证的知识，进入“实证的阶段”。

20世纪初，在德国的马克斯·韦伯（1864—1920）、格奥尔格·齐美尔（1858—1918，形式社会学）和法国的埃米尔·涂尔干（1858—1917）三人的推动下，社会学形成了体系，成为一门专业化的学科（见图 2-2）。这里不再一一详细介绍，我们重点关注他们究竟把什么当作“看不见的东西”来进行分析研究。

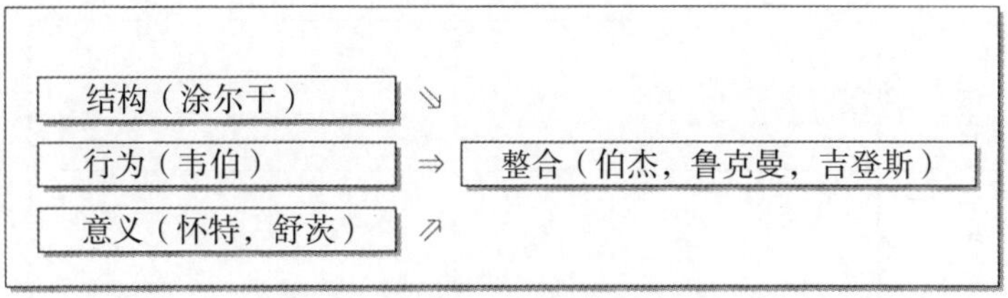

图 2-2　社会学中知识的层面

注：括号中为代表人物。

1. 注重结构——涂尔干

韦伯的《新教伦理与资本主义精神》是社会学的经典之作，与其并驾齐驱的是涂尔干的《自杀论》。

自杀通常被认为是个人的问题，但涂尔干指出，自杀实际上是社会的聚合现象，光靠把每一个自杀者引入算法无法推测其规律，而应以统计数据为基础，证实群体的内聚力（集体的无意识）和人类的社会整合力量，思考既以个人为基础，又超越个人的社会结构。

总而言之，自杀率背后存在说明社会状态的概念，这就是涂尔干发现的“个人抱有的不安”。除此之外，涂尔干还利用统计数据，根据“单身还是已婚”“有无孩子”等社会整合程度的不同，得到了自杀率不同的结论，验证了自己的理论。如图 2-3 所示，他还解释了自己提出的“社会整合”“不安”等概念之间的因果关系。

顺便说一下，涂尔干注重结构的方法经过发展，对克洛斯·列维-斯特劳斯的结构主义人类学产生了重要影响。

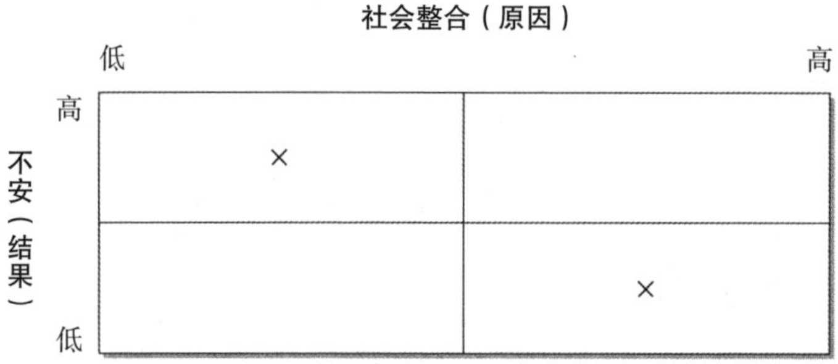

图 2-3 社会整合与不安的关系

资料来源：高根正昭《创造的方法学》。

2. 注重行为——韦伯

与涂尔干不同，社会学方法论的奠基者韦伯认为，基于人们的意图、动机等主观因素的行为会对社会产生影响，也就是说，行为是原因，行为的主观意义是通过极其个别的、历史的关系而不是一般规律，产生某种结果。因此他认为正是新教对于劳动天职的献身精神和禁欲思想带来了理性资本主义。

对因果关系的理解不同，得出的结论也会不同。在日常生活中，人们根据某种价值观来行动，那么他们的判断也为价值观所束缚。尽管这种主观因素影响社会的观点是独特的，但原则上社会学家也是社会中的一员，他们也共享这种价值观，价值观也会影响研究的动机和分析。社会科学既然以人类和社会为对象，就不可能像自然科学那样采取纯粹的客观立场，它必定包含着某种形式的观察者的价值判断。

于是韦伯提出了“价值自由”的概念，他指出，如果要进行科学的研究，必须暂时把价值观相对化，摆脱拘束，严格区分经验事实的确立和本人所做的价值判断。简单说来，价值自由就是脱离既有价值观的自由。社会科学的观点一定会有误解或牵强附会的地方，那么消除错误或使其可控的方法论就很重要，因此韦伯设立规则，旨在把孔德所说的观察、假设、实验、推理、验证的“实证的阶段”运用于社会科学。

价值自由也包含了对亚当·斯密（1723—1790）的批判。亚当·斯密提出了超越个人私心的“看不见的手”来说明市场经济规律。韦伯用“价值自由”批判“存在真正的绝对真理”，他认为，社会科学的分析中一定掺杂了某种形式的观察者的价值判断，因此不可能存在绝对的真理。

韦伯的主张也可以看成是“知识的不确定性”的论调，他自己将当时现代知识的状况称作“诸神之争”，意思是不存在绝对的知识，知识永远处于与其他知识的斗争之中。

理念类型

但是，光说“知识是不确定的”等于什么也没说，于是韦伯在规定了“价值自由”的获取知识的原则后，比不确定性更进一步，指出社会科学应该构建“理念类型”而非“绝对真理”。

理念类型是社会学家为解释现实而创造出的概念工具，是人为形成的假设，也是能使解释说明自洽的纯粹模型。现实世界并不存在理念类型，但社会学的所有概念都由理念类型来表示，典型例子就是韦伯提出的“官僚制”和“现世禁欲”。此外，他提出的权力支配的三种类型（传统权力、超凡权力、法定权力）也能看作理念类型。

理念类型是一种理想类型，它的目的在于通过与纯粹理性的“类型”比较来观察现实，那么就需要从这种观点出发给事件命名即分类，比如着眼于消费者的某种活动特点（如闲暇消费），总结出教育型、运动型等生活方式。这些类型既不是社会现实，也不是它所记录的东西，不过，理念类型通过用于现实承担了理解、推测因果关系的作用。韦伯还认为它在人类行为方面具有重要意义，以官僚制来说，一个人认为自己是官僚制的一员，从官僚制的特征中能找出与自己生活的共同点。基于个人主观因素的行为互相关联从而形成了社会，“由理念所创造的世界图像，常如铁道上的转辙器，决定了轨道的方向”。韦伯想要用理念类型发现看不见的东西，这可以说与柏拉图的理念一脉相承。

新教伦理与资本主义精神

在《新教伦理与资本主义精神》中，韦伯把他的理论提升到了理解资本主义本质的层面。他通过详尽的论证，证明了新教禁欲、勤俭的伦理观创造了近代的资本主义精神。这看似是一个悖论，因为禁欲的概念和欲望、私心等现世利益是对立的，但无心插柳柳成荫，禁欲反过来推动了资本主义的发展。韦伯发现了理性之中潜藏的非理性，道破了宗教影响经济的玄机，同时也点明了工业资本主义的特征是以工业为中心而不是投机。

在资本主义蓬勃发展的时代，资本家、企业主和熟练工人纷纷皈依新教，这是因为他们曾作为富裕市民阶层参加了宗教改革，可以说二者的关系具有历史渊源。当然，人们普遍认为，天主教反对世俗化，重视禁欲，追求传统的生活而非现世利益，与此相反，新教不压制人们的欲望和利益诉求，向往经济理性主义的生活。对于当时这种社会观念，韦伯提出了疑问（见图 2-4）。

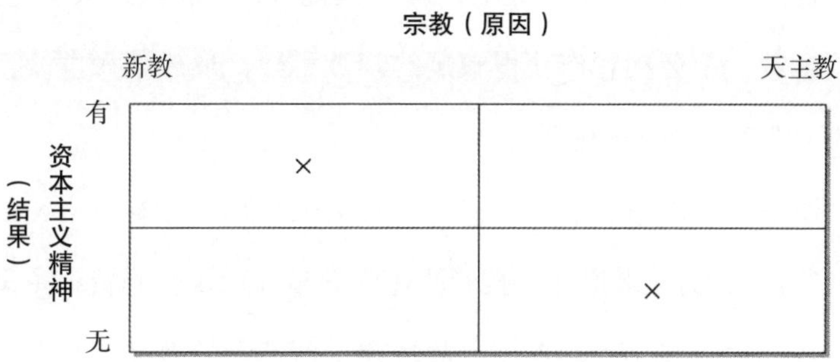

图 2-4　新教伦理与资本主义精神的关系

资料来源：高根正昭《创造的方法学》。

关于资本家与劳动者的传统关系，韦伯谈到了计件工资制的失败。在多劳多得的“能力主义”制度下，劳动者考虑的不是劳动能获得多少报酬，而是要获得与之前相同的报酬、满足自己的需要的话，必须付出多少劳动。由此可见，当时劳动者秉持或习惯不同于资本主义的伦理，不只是追求利益。韦伯注意到，正是新教的禁欲主义打破了这种传统倾向。

韦伯认为，禁欲与营利并不矛盾，它们是互相关联的，因为韦伯提出了新教的禁欲主义对资本主义产生重要影响的假设。他之所以坚持把资本主义精神与宗教伦理联系在一起，或许受到了他的母亲——一名秉持加尔文主义的胡格诺派虔诚信徒的影响。

那么新教的职业观念是什么样的呢？路德派根据“唯独信仰”“唯独圣经”两大原则，用“天职（德语 beruf，英语 calling）”的概念来描述职业。不过马丁·路德并不是提倡资本主义，他认为应该回避营利行为。韦伯又注意到胡格诺派的源头加尔文主义的提出者、第二代宗教改革家加尔文提出了“先定论”，“上帝始终决定着谁可以被拯救，谁将被毁灭”。这种观点主要强调拯救，把劳动看作获得救赎的禁欲手段，形成了入世的、积极的生活方式（即现世禁欲的伦理）。

韦伯还举出美国独立运动之父、同时也是印刷工的本杰明·富兰克林（1706—1790）的例子来说明新教的职业观念是如何反映到资本主义精神中的。富兰克林生于波士顿，是一名清教徒，信仰新教教义，其中就包含加尔文派的职业伦理。在《给一个年轻商人的忠告》这本小册子里，富兰克林讲述了非常功利的处世方法，比如“时间就是金钱”“信用就是金钱”“金钱具有孳生繁衍性，钱可生钱”“善付钱者是别人钱袋的主人”“所有的交易只有守时才能成功”“影响信用的事，哪怕十分琐屑也必须注意”“如果浪费价值 5 先令[①]的时间，就失去了 5 先令，和扔到海里没有什么区别”。

在美国资本主义发展风生水起之时，富兰克林指出，一门心思发大财的贪婪想法无法获得金钱，勤勉、正直、遵守时间等严格节制自我欲望的

① 先令，英国的旧辅币单位（旧时英国的多数殖民地也用相同的货币单位）。——编者注

做法才是赚钱的捷径。这看起来很简单，但韦伯认为，富兰克林的思想蕴含了宗教伦理的内在与营利性外在的矛盾以及对它们的扬弃，从中可以发现资本主义的本质，那就是追求金钱和资本并不是卑劣的，甚至可以说是一种美德或义务，是“意外的结果”。

韦伯不仅观察人的外在因素，还关注人内在的“合理化的世界图像”。理念类型的思想就始于内在分析，随后作为社会学的手段得到了广泛的应用和发展，确立了知识的方法论，即通过“观察事象—根据经验提出假设—发现因果关系—模型化—理念类型化—理论—验证”的过程，获取知识、概念等看不见的意义。

探索现象的结构与意义——田野调查

什么是田野调查

另一种不可忽视的社会学的知识是“观察”的知识、田野调查的知识。田野调查作为一种技术在人类学、社会学、经营学的实地调查中发挥着极其重要的作用，其成果体现在文化人类学的未开化社会研究、社学会的“暴走族”等反社会群体的研究中。

田野调查不单单是观察的技巧，还关系到知识本身应有的状态，法国人类学家列维 - 斯特劳斯提倡的结构主义（探寻表面现象背后隐藏的深层结构）就是一个典型代表。文化人类学、社会人类学的研究方法大致分为实地调查法和比较研究法，田野调查属于前者。田野调查能在现场直接接触不同的文化，把当地人当作观察对象，站在他们的视角理解现象，它是从深层结构中创造性地把握事物及现象的意义的知识。简而言之，田野调查就是观察并记录。

田野调查的步骤

在社会调查的观察阶段，调查者参与调查对象的社会活动和日常生活（参与观察），根据情况，有时会长期居住在当地进行调查研究，调查者需要融入当地社会，扮演一名群体成员的角色，同时观察记录调查对象的方方面面。

首先，在参与观察时，初次见面是个重头戏，因为它是“投缘”与否的人际关系问题。[6]有效接触观察对象（如同商业经营中的客户、现场、竞争等各种情况）并与其确立关系是必不可少的，因此需要与目标群体及其内部的信息提供者建立良好的亲密关系。调查者住进当地家庭或社区，能够降低调查对象被观察的意识，有利于更深层次地掌握实际情况。不过，调查者也可能被观察对象同化，这可能影响观察的客观性。

其次，在调查现场，调查者需要驱动感官来实际体验，获得隐性知识，收集信息，那么就要确定合适的话题，将问题逐渐结构化，即在现场形成假设，这也意味着现场话题的设定本身是变化的。

最后，在调查过程中需要做好调查记录，小便笺、完整的访谈笔记和录音等都可以作为调查记录，条理清晰地记录调查现场的每一个故事。

照这样下去，就形成了民族志。民族志最初是19世纪的探险家、传教士、殖民统治者等用来观察记录未开化民族的生态习俗的形式，现在用来观察记录一切社会行为或过程。在这个阶段，调查者需要把通过观察获得的知识、信息结构化（即针对问题找出答案）。

了解潜在的意义结构

但是在田野调查时，切记不能原封不动地照搬以上步骤，要把重点放在把握事件的本质上。三角互证法（triangulation）或多元化方法（multimethod）可以帮助我们跳出特定方法的限制，广泛利用各种方法。有人批评这是“不知羞耻的折中主义”[7]，但其实这是一种无止境的探索，试图把握鲜活的知识的本质，通过感官领悟、记录并说明目标社会或群体生活、现象的潜在结构。它还是野性的思维，不同于以往科学的方法论体系，它融合了人的生活环境和隐性知识，能够深化理解、提出新的假说，因此受到了很高的评价，这种研究新知识的方法也对其他既有领域产生了巨大影响。

《街角社会》中田野调查的知识

威廉·富特·怀特的经典之作《街角社会》可谓参与观察的原点，这本书详细描述了信息提供者与观察者的关系、访谈方法、调查数据整理方法、观察方法的模型等。

怀特作为哈佛大学的研究人员，在1936年至1940年的4年间，对波士顿一个意大利人聚居的贫民区（即怀特称之为“科纳维尔”的波士顿北区）进行了实地研究，置身于“街角帮”的青年、黑社会、贪污政客们的活动中，揭示了美国贫民区中“个人行为与团体组织的相互作用”。

当时，社会学中的个案研究派把重点放在理解社会上，而统计派则认为只有统计学才是科学的方法。这种对立对怀特来说是不幸的，《街角社会》想要证明个案研究也能找出“经得起科学检验的普遍性”，既然田野调查遵循客观（来自被观察者的信息）和主观（观察者如何解释观察到的现象）的科学框架，那么它能发现什么样的具有规律性或推动理论前进的洞察力呢？这是一个难题，所以怀特的尝试既是勇敢的挑战，又是一项冒险。

怀特注意观察贫民区中个人的交往会产生怎样的组织结构和社会关系，他自己也完全融入观察对象的群体之中，留意会出现什么样的限制以及究竟能够发现什么（见图 2-5）。

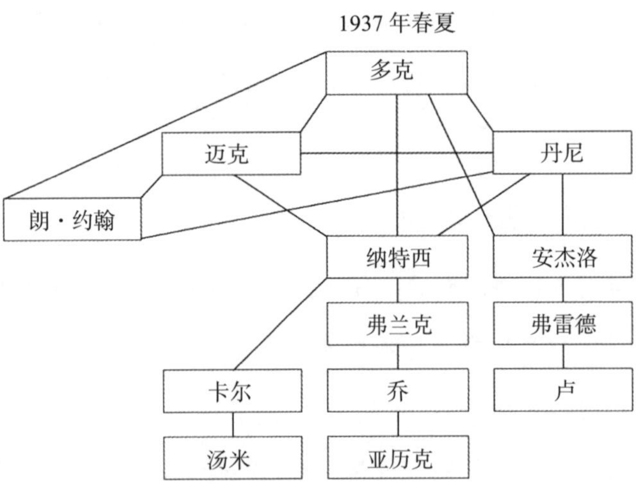

图 2-5　诺顿帮

首先，怀特认识了科纳维尔的老大、诺顿帮的多克，他是个案研究的中心人物。多克组建了诺顿帮，他和迈克、丹尼三人成为帮派的头目。无论是在打当时流行的保龄球还是和女人一起风花雪月时，帮派成员始终维护着多克的威信。

怀特的核心理论“个人行为与团体组织的构成的相互作用”就是在他暂时放下研究工作、与街角帮成员一起打保龄球时产生的。怀特注意到，保龄球纯粹是一项游戏，但是得分令他感到不可思议，那非常接近帮派组织的势力分布。因为他是哈佛大学的研究人员，大家都十分尊敬他，于是他不知不觉享受到了与帮派头目相同的待遇，他发现个人得分大致对应帮派内部的等级关系。

但是随着时间的推移，帮派的结构发生了变化。诺顿帮分裂，多克失去了他的地位，面对其后成为老大的安杰洛，多克黯然交出了诺顿街。

除了多克等街角青年，科纳维尔还有一个大学生团体。这两个群体都是年轻人，都想出人头地，不过大学生们并不和同伴捆绑在一起，如果同伴的学习成绩不好，他们甚至会与其绝交，而街角帮成员很重义气，彼此难以割舍。

怀特以上的记录表明，进行田野调查时，如何调整研究人员与当地人之间的角色是一个麻烦的问题。田野调查的方法十分关键，与封闭的贫民区居民建立友好关系、观察并记录他们的生活，并且作为观察者要客观地把握自己的位置，这真是难上加难。关于如何在困难中构建理论，怀特描述如下。

> 我们在全面考虑问题时一般不是呈直线进行的。我们常有被一大堆乱糟糟的资料所淹没的体验。我们认真地研究这些资料，尽可能调动全部的逻辑分析能力。我们提出了一两种想法，但是这些资料仍然不能形成任何有条理的模式。于是我们继续和这些资料，和这些人待在一起，直到某个偶然的事件对这些资料做出了截然不同的解释……（略）但是我相信，研究时产生的想法实际上并不像我们读到的正规研究方法描述的那样发展。这些想法在我们埋头研究资料时产生，同时也产生于我们生活的全过程。
>
> （怀特《街角社会》[①]）

在日本，佐藤郁哉的暴走族研究等田野调查广为人知。人们通常认为暴走族活动源于学历上的自卑感，但佐藤指出，对于青少年来说暴走很刺激、具有吸引力，他们之所以会暴走是因为没有其他手段可以解决他们的问题，而且暴走族的社会形象经过大众媒体的改造，不再是社会问题，暴走成为反映现代文化的社会运动。此外，曾经流行的亲和图法（KJ 法）也是以田野调查为基础的方法，它根据野外观察到的数据提出假设，与扎根理论密切相关（在特定领域根据具体经验构建理论的方法）[8]。田野调查等方法必须考虑仅凭个案研究能否发现普遍性。沼上干在《行为经营学》中通过研究液晶技术革命，展示了基于数据的实证性研究方法的界限，提倡根据个别案例阐明机制，而非寻求普遍规律。这与田野调查异曲同工，把从经营现象中找出的一个个系统反映到经营实践中，能够打开经营学的新局面。

---

① 选段参考黄育馥译本，略有改动。——译者注

怀特的田野调查方法[9]

（1）观察人际关系

怀特指出，贫民区的帮派成员没有家世、学历等保障，与暴力、体育才能相比，他们在街头巷尾的话术、交际口才、社交方法等交流沟通能力才能反映他们的势力关系，“按照一个人在人际关系中的行为方式来判断他的能力”。

（2）找出头领

田野调查的一个重要手段是找出群体内部最敏锐的观察者并得到他的帮助。怀特认为头领在群体中居于特殊地位，与普通人相比，他们更可能成为敏锐的观察者，因此，找出头领并获得他和关键成员的支持，能让群体内部作为观察者的“我”快速、深入理解问题。

（3）把握提问的时机

怀特指出，在贫民区这种封闭的空间中，想要从外部打听出隐性知识，“需要学会在什么时候提问，什么时候不要提问，以及问什么问题”。他还强调“在访谈的方法上，我曾被教导不要与人争论，不要从道德上对他们评头论足”“少提‘谁’‘什么’‘为什么’‘什么时候’‘在哪儿’这类问题”，可以从人们约定俗成的社会关系中做出判断。

（4）找出中间人

与刚才所说的找出头领的方法类似，在科纳维尔，“社会是由大人物和小人物组成的，在他们之间有人起着桥梁的作用”，而中间人才是激活“个人关系等级制”这一社会相互作用的催化剂。

（5）对偶事件和集合事件

怀特把人们之间的相互行为分为对偶事件和集合事件，前者指在两人之间发生的事件，后者则是由一个人为另外两人或几人发起的行动。只有头领等地位较高的人才能发起集合事件。

从意义到整合——现象学社会学与知识社会学

现象学：社会科学的基本方法论

现象学对韦伯之后的社会学产生了巨大影响。胡塞尔的现象学展现了与西田几多郎的纯粹经验、詹姆斯的“昆虫于百花缭乱之中嗡嗡飞舞的大规模混乱状态”之多即一的世界的相似之处，不过胡塞尔不像西田、詹姆斯那样，为寻求真理而设定纯粹经验，他严加区分对意识来说可见或不可见、应该怀疑或不能怀疑的东西，力求说明人类意识这一极其普通的现象的根本过程。

社会学家阿尔弗雷德·舒茨（1899—1959）以韦伯的社会学为基础，结合胡塞尔的现象学，对“二战”后美国社会学的发展做出了巨大贡献。文化人类学等学科的前提是同他人相互理解与交流，于是舒茨开始思考如何使其真正成为可能，或能否把理解交流当作可靠的手段来有效利用。他不是用现象学来分析社会学，而是通过现象学进一步完善社会学。

因此，舒茨选择的前进方向不是悬搁等现象学的实践，而是生活世界的意义分析，它的核心主题是韦伯所阐发的理解社会学，它是一种基于意义的主观解释进行的日常社会研究。理解他人通常有两种方法，一种是外在的方法，一种是内在的方法，前者比较具体，如文化人类学中的田野调查、把索绪尔的符号学用于社会交换分析的列维 - 斯特劳斯的结构主义分析法，而后者常常被忽略。[10]这就是舒茨倡导的“现象学社会学（phenomenological sociology）”。

现象学社会学也被称为意义的社会学，舒茨把目光投向我们日常生活的世界、平常活动、每天不经意的现实场景以及不言自明的事物等。人们在日常生活中的每一个场景，通过相互交流，赋予现实以意义，建立秩序，持续地重构现实。总之，现象不是人们经历的现实，而是现实产生的意义，记录现象正是观察者赋予的意义。

舒茨指出，在理解他人的过程中，观察者的自我解释成为前提，这使得观察不够客观，但作为观察者的文化人类学者未掌握关于自我解释的知识的方法论，因此，深入分析生活世界才是对现象学的实践。

舒茨的方法不像田野调查那样具体，但它在日常生活中把现象学和社会学融合了起来，建立了能够形成体系的概念框架。它对现代社会学中本土方法论（Ethnomethodology）的发展也产生了重要影响。本土方法论的创始人是美国社会学家加芬克尔，旨在解释人们日常行为和平时活动中潜藏的自明性，比如通过会话分析，观察母亲教育孩子时如何自然而然地传授知识与规则。

这里还必须介绍继舒茨之后产生的另一个流派“符号相互作用论”，它认为事物的意义是在社会相互作用下产生的，是以符号为媒介构成的，分析这个过程就是这一流派的目标。此外，分析者不是主动去分析，而是站在现实中行为者的立场，被动地重构他所解释的主观意义。比符号相互作用论更进一步，加拿大社会学家欧文·戈夫曼把社会现实中的相互作用状况视为演戏，提出了行为者运用表现行为（符号行为）进行表演的戏剧理论。[11]

社会知识的整合

美国社会学家伯杰和鲁克曼试图把社会学探索的不同层面在人类社会中整合起来。伯杰在老师舒茨的影响下，研究范围横跨社会学和哲学，并对以往的知识社会学（sociology of knowledge）等领域进行革新，研究成果迄今依然具有影响力。

这里所说的知识指包括社会共享的隐性知识在内的日常现实中的知识以及人们平时司空见惯的知识。常识性知识是我们日常生活中共享的知识。伯杰和鲁克曼认为现实是由社会构成的，知识社会学就是从上述知识的角度分析社会是如何构成的，它处理意识结构与制度结构的关系，比如正当化或合法化是使现有社会体系具备客观性、妥当性，使社会变得更加完整的过程。

他们扩展了知识社会学的新领域——在司空见惯的日常社会现实中，把着眼于行为和结构的韦伯的社会学理论同运用现象学、通过社会相互作用研究知识和意义如何形成的舒茨的理论整合起来，把日常生活本身当作知识的问题来对待，阐明了现实是在社会力量的作用下形成的这一观点。

像这样，美国的社会学不断以各种各样的形式为解释现代社会的现象添砖加瓦。在大洋彼岸，英国的安东尼·吉登斯（1938—）提出了结构化理论（theory of structuration），说明了个体行为与社会力量的辩证法的相互作用是如何构成社会的，主张个体行为是引起变化的催化剂，要不断地重组社会结构。个体行为与社会结构紧密交织，不可分离，人在受到环境的强烈影响的同时，也能动地改变着环境。总之，吉登斯没有把结构与行为的关系当作宏观与微观的对立，他认为它既是宏观的又是微观的。[12]这不只是个体行为者的意图、动机在发挥作用，关键在于使基于个人知识的认识能力（knowledgeability）的实践成为核心概念。

除了社会现象之外，吉登斯的思想还对政治问题（众所周知他是英国政府的智囊）、城市问题，甚至经营学（如创新中个人、组织和环境之间的相互作用问题）也产生了巨大影响。上文提到的沼上干率先把吉登斯的观点引入日本的经营学，指出经营实践者与研究者内省地讨论行为体系的重要性。

面向潜在的“场”

综上，我们以社会学、田野调查等为线索，讨论了把新知识概念化的方法论。像韦伯的理念类型那样，社会学的目的在于发现、总结看不见的过程、结构及意义等，在使这些看不见的东西变得可见时，韦伯强调价值自由，并指出自由不是教条，在表明概念、意义或因果关系时，必须时常保持谦逊。在我们重新审视认识事物的结构时，现象学发挥了知识基础的作用。

知识社会学等学科的发展不仅可以看作社会科学知识发展进化的后盾，而且为我们面对的现实问题——如何在知识创造中找出看不见的东西——提供了重要启示。

在通过个人（意识）与社会（制度）的关系观察看不见的世界的结构时，我们有两种选择。一种是知识社会学展现的“解释人类的信念，分析其信念的社会语境与社会后果的方法”，另一种是“聚焦于基于信念的行为的外部背景与客观限制的方法”。[13] 后者意在理解社会或组织的机制，吉登斯和认为“生产方式、生活方式对人产生制约”的马克思等人都做过这样的尝试，可以说这是一种通过结构把握个人与场所的关系，着眼于深层结构，动态地、整体地看待问题的辩证方法。

接下来我们将从看不见的层面，即意义层面出发，看一看如何把握其潜在机制。

第三节　发现潜在机制

第三条路线

到底有没有超越直接经验、能够看清潜在“场”的机制呢？这里我们还要重提第二章开头介绍过的巴斯卡的超验实在论，它重新探讨了科学中的现实是什么，批判了实证科学的根本和以实验为中心的经验主义实在论，它也不同于针对实证科学的唯心主义，而是辩证地将这两种对立的观点融合、发展。

实证科学作为科学的传统，重视封闭系统内的实验和经验，无法超越特定事件的经验。另外，反实证主义也被认为是以康德为代表的先验理性主义，研究人们能看见什么、看不见什么，它与把主体的思考放在优先地位的认知论是一个路子，这样就容易忽视自然现象的现实。知觉论、认识论只为人类看得到的东西建立秩序、解释说明，当然会陷入唯心主义的境地。

因此，巴斯卡用超验实在论指出，弄清楚人类不可见的，宇宙、自然和社会现实中本来就存在的机制至关重要。它不单是来自封闭经验的实证，也非人们认识的世界的模型化，而是将二者兼收并蓄，经验性地、抽象性地、先验性地提取出现实背后潜藏的机制或生成机制。这种旨在确立科学的方法论，阐明肉眼不可见的、隐藏于现实中却推动现实发展的机制、力量和倾向的第三条路线，是实证主义和反实证的唯心主义的辩证综合（见图 2-6）。

上文已经讲过，现代知识诞生于对截至 19 世纪的实证主义的批判，如果单从反实证的侧面概括，也可以看作“后现代知识”，它质疑实证主义成立条件的客观性，但如今的问题不是后现代如何变化，而是实证主义与反实证主义并存的知识的现状。

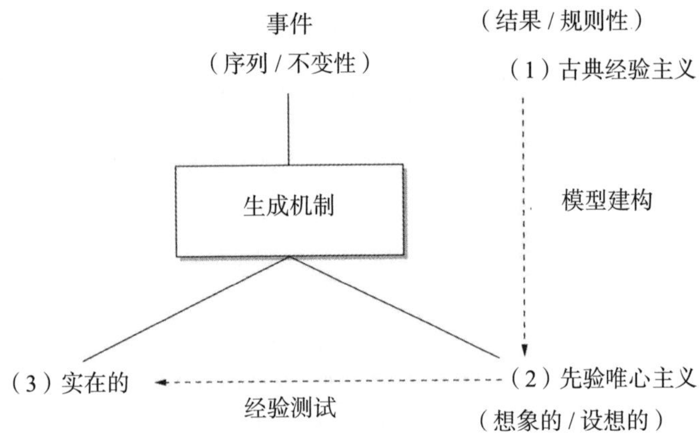

图 2-6　科学发现的逻辑

资料来源：巴斯卡《一个现实主义者的科学理论》。

比如在经营学领域，与自然科学有共同点的实证主义的分析性方法（财务、计量营销）与典型的人文社科方法（领导力理论、感性营销）同时存在，二者的主张和思维方式大相径庭，但都成为批判的对象。

巴斯卡认为，超验实在论的方法迄今为止还没有明确的形式，但已经付诸实践了。比如，马克思的工作就是一个典型例子，他提倡的科学社会主义的目的在于从社会内部说明近代社会的经济运行规律，于是他以认识外部社会的现实事件与内部的本质运动的不同为出发点。马克思认为社会科学与自然科学一样精密，都能阐明事物本质对事件的影响，这种态度或路子俨然就是超验实在论。

马克思着眼于社会关系。个人只有在特定关系中才能成为经济的、社会的存在，也就是说个人背后的社会关系才是重要的。其中生产关系是最基本的社会关系，奴隶和平民都是人，但是在特定的社会关系中，有人成为奴隶，有人成为平民。人类在社会中创造自己的生活，同时置身于不以他们意志为转移的、同物质生产力一定发展阶段相适应的看不见的生产关系中，只有弄清楚生产关系的机制，才能全面地理解社会。这就是说，并非人类的意识决定社会现象，而是社会现象中存在其自身特定的深层机制或实体。

如图 2-7 所示，马克思把社会分为上下两层结构，其中经济结构是基础，生产关系与生产力这对看不见的关键因素决定了上层结构，并且生产力与生产关系之间的矛盾（尤其是生产资料的归属问题）造成了阶级剥削和阶级对立。因此，只要包含矛盾的生产关系还在继续，对立就不会消失。但是社会生产方式随着历史发展动态地发展变化，所以马克思认为这种矛盾必然会消除。

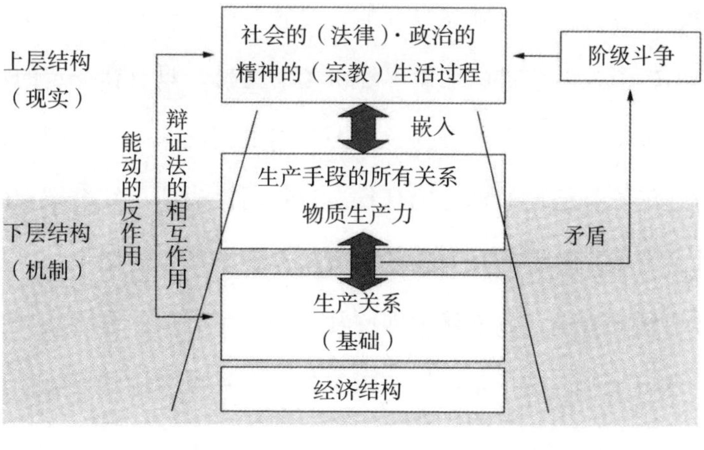

图 2-7　马克思的理论中生产力与生产关系的因果与机制

韦伯与马克思各自发现了本质性的因果关系，揭示了资本主义有利的一面和阴暗的一面，但是从上述分析可以看出，马克思更倾向于用超验实在论的思维来理解、把握机制。

经济学中方法论的回归

最近，超验实在论也被引入经济学领域，描述社会存在和社会现实的社会学方法论在经济学中“复活”了，其主要推手就是从后凯恩斯主义走向经济哲学的英国剑桥大学经济学家托尼·劳森。

以往的经济学或使用统计归纳的方法，或对给定的模型进行实证分析，或常使用演绎的方法，把封闭的模型应用于经济现象中。从超验实在论的立场来看，它们全都无法搞清楚真实的状况。

劳森等人使用的是被称为“情境理性”（Situated rationality）的概念。个人和组织在经济上不是独立存在的，必须以一定的社会关系为前提才能成立。比如，个人无法自由地做出经济上的选择，只有在一定的社会情境中才能做出决定，每一个经济角色按照自身的情况来行动，因此，看似非理性的对立绝不是任何非理性的证据。这种看法表明，社会知识的构成高度依赖社会情境，重要的是潜在的生成机制而非产生的结果。关于如何分析反复观察到的事件，劳森认为即便社会是一个开放的系统，潜在的机制也会不断地再生产，这正是巴斯卡指出的、马克思使用的方法论。劳森等人提倡的演化经济学[①]不算新颖，但它仍是与众不同的，对以往量化、分析、预测经济现象的方法论而言，演化经济学可谓反其道而行。

通过溯因推理把握机制

劳森认为，想要发现社会经济现象背后隐藏的机制，归纳和演绎都不可靠，假说推理和溯因推理才是合适的方法。

> 如何才能获得本质性的潜在结构等的相关知识呢？批判实在论给出了回答：必要的根本手段是溯因推理，而非归纳或演绎。
>
> （劳森《现实主义社会理论在经济学中的关键问题》）

劳森进一步指出，溯因推理的基础是类比和隐喻。换言之，在把握潜在机制的过程中，提出命题或假设的假说推理是必不可少的，而对其表象而言，隐喻是有效的。这里所说的隐喻不局限于修辞手法的概念，它可以表现看不见的本质和机制，并产生新的洞见，在把握、传达事件背后的生成机制的过程中发挥着重要作用。

直接描述复杂的机制可能不好理解，但隐喻能够以独一无二的方式进行说明，它于不同领域或环境中找出近似的机制，举一反三，化繁为简。比如在解释“电气短路引起火灾”时，我们使用“由于夜间温度一直在0℃以下，巴西的咖啡产量遭受重创”“暴雪影响公司出勤率”等隐喻来简单地

① 演化经济学方法论是采用个体群思维方法研究经济问题，以达尔文主义为哲学基础，借鉴批判实在论，强调回溯法。——编者注

说明“由于绝缘线磨损等局部问题，导线相互接触而无法形成回路，电流受阻，于是积累大量电流，绝缘线过热起火”。

隐喻和类比不仅能表达现实中的事物，还能解释复杂的或不可见的事物，是创造新意义、新概念的有力手段。我们将在第三章中讨论隐喻的意义。

第四节　面向新型经营的知识——综合性知识

多元化的知识

无独有偶，经营学也需要同样的方法论，我们认为经营的知识正来自对综合性知识的不懈追求。在今后的经营中，知识工作者将扮演主要角色，那么之前讨论的哲学知识的传统观念与社会科学知识的前沿理论必然产生直接的影响。

知识有时被称为多面体（polyhedron）（见图 2-8），综合性知识反映出作为知识本质的多面体的特性。我们往往无法全面地把握关于事物、现象的知识，但是可以通过从各个角度观察、感知来了解整体。比如“多面体的宫泽贤治”[14]、多元化人事评价制度等表达都是隐喻。

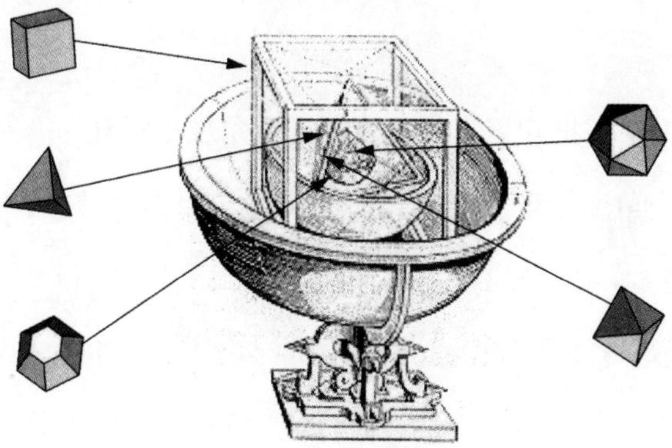

图 2-8　知识是多面体

注：原作为《世界的和谐（*Harmonices Mundi*, 1619）》。

所谓的“柏拉图立方体”以五种多面体来说明宇宙的知识，柏拉图在《蒂迈欧篇》中思考构成世界的元素是什么，他把火比作正四面体，把空气比作正八面体，把土比作正六面体，把水比作正二十面体，正十二面体则是“以太”。开普勒（1571—1630）在《宇宙的奥秘》中使用柏拉图立方体描绘宇宙的结构，这就是以太阳为中心，水星、金星、地球、火星、木星五大行星（正多面体）依次外接或内接的知识模型。柏拉图立方体对世界的理解也是隐喻，是用视觉理解知识本身。世界由各式各样的“面”构成，我们不能只看局部，必须具备整体把握的大局观，即多元化视角，可以说多面体的形成就是知识创造。比如理性与经验、主观与客观这类哲学上的对立也是构成多面体的一个面，那么我们可以超越对立，把它们当作整体的一部分来理解。

“知识的知识”即接近知识——真理的能力，这不仅仅是对真理的逻辑上的追求，还需要驱动感官与理性、假设与事实、左脑与右脑等多种要素来进行综合。

苅谷刚彦提出了把知识进行组合的“多角度思维法”：不能片面地看待事物，应从多个角度处理复杂问题；不要因“常识”“偏见”的阻碍而停止思考，而应持续地、关联地思考。“偏差值教育”“校园霸凌”“IT 革命”“信息化社会”“全球化”等都带有先入为主的色彩，我们要常怀疑、不轻信，正视矛盾，自主思考，站在所谓正解的对立面。

什么是多角度思维法[15]

（1）创造性、批判性读书法

把文章当作半成品，批判性地阅读，思考“有没有可能改编成别的文章”“如果是我的话会怎么写”“作者为什么写这件事”。

（2）创造性写作

表达自己想法的过程本身就是提高思维能力的重要契机。

（3）问题的提出与展开

分解问题——把大问题分解成若干个小问题，小问题的答案组合起来就组成了原始问题的答案。

（4）发挥概念的作用

除了偏见以外，过度拘泥于个别事件也会导致思考停止，引入概念能有效避免这一点。从“概念化”出发看待事物，从个别事件归纳出普遍规律。

（5）多角度思维的方法

- 重视关联性：任何事物都具有两面性，是两个或两个以上要素相互关联形成的关系的集合。眼前的某个现象实际上是若干种力量作用下呈现出的一种姿态。
- 发现悖论：关注行为的意外结果→发现悖论→颠覆常识的思考，如韦伯的《新教伦理与资本主义精神》。虽然新教徒采取勤俭节约的禁欲主义生活态度，但还是出现了资本主义的营利系统这一意外结果。
- 思索问题本身：把理解问题的方式与问题的实质分离开来，回到问题本身，思索这是一个什么样的问题，持有“提出某个问题会让谁受益，谁又会遭受损失”的视角。

像这样，把若干种调查研究方法综合起来的多元化比较研究法在经营学领域也开始被应用。加护野忠男等所著的《日美企业管理比较》一书揭示了日美企业中的环境适应原理，这是第一个真正把个案研究、问卷调查等多种综合性方法引入日本经营学的案例。

综合性知识——对话

那么我们如何从多面体的知识中重新建构完整的知识呢？多面体的各个面包含矛盾、对立，以此为前提，“综合”催生出新的关系。

说到综合，有以下几种模式。

- 整理、组合、总结。
- 化学结合（伴随着融合、异化）。这可以产生新的结构，但水平不高。
- 乘法效应。
- 辩证法的综合——对相互矛盾的正题和反题进行扬弃，即正反合的“合”。

其中我们最重视辩证法的综合，辩证法本来就蕴含了综合性知识的精髓。前面我们提到过黑格尔的辩证法，它揭开了哲学史的面纱，知识方法的辩证法核心正是对话，因为辩证法在英语中是dialectic，在德语中是dialektik，其词源是希腊语dialektike，即对话，通过对话，我们可以提出假设、创造概念等。

在对话中，参与者从各个角度全面地讨论事物现象，通过比较分析人们说出的事实与事实本身，向更深层次的知识靠拢。对于苏格拉底、柏拉图来说，对话就是寻求真理的方法论。

如果话题是单义的，就不会产生对话。比如，数学定义、体育比赛的胜负等都是一目了然的，没有对话的必要。有条理地论述理所当然的事情也无需对话。因为这些信息本身没有矛盾，是完结的，在三段论的逻辑中就是结论。但是如果认可前提，那只能说一切都是正确的，因为以命题为前提的逻辑思考无法怀疑原命题。因此，在某种情况下直接面对实际问题时，我们一旦被问到“那么究竟是什么呢”，就会无所适从。

反过来说，要想使对话成立，必须具备敢于怀疑前提的开放性思维，比如用辩证法的综合或改变角度审视问题，或把问题分解开来。在创造概念时，有时灵机一动就能想出好点子，这不单是联想，还追求更高水平的概念，因为其背后是对话和知识创造的螺旋运动，可以说把知识千锤百炼、淬火成钢的过程才是真正意义上的对话。

如果把从社会科学事例中学到的知识的方法的精华萃取出来，那就是原封不动地接纳行为的现场和现象，在此基础上提出假设，运用隐喻发现背后隐藏的结构和因果关系的过程。此时演绎与归纳也可以发挥作用，也就是说我们在实实在在地创造知识。这个过程也适用于以哲学知识为支撑的 SECI 模型，其关键在于全方位、多角度地观察事物并进行辩证法的综合，以此方法方可见不可见之物（见图 2-9）。

SECI 模型是把隐性知识显性化的过程，社会科学的方法论旨在解释潜在的机制，二者不是毫不相关的，它们共同组成横轴与纵轴，成为综合性知识的方法论。通过知识创造的过程，潜在的机制能够作为概念和知识被人们认识，结构得以显现。

这不是纸上谈兵的空想或决策的技巧，而是为了在我们生活的时空、场所中（或在企业中与组织一起）真正创造出知识的本质性的“知识训练”。我们并不否定逻辑思考、战略性思考等，它们是有效的技巧，能够为眼前的问题指明方向，但仅靠这些无法形成诸如商品具有怎样的意义或本质价值等有深度的思考，因为逻辑方法只是处理信息的顺序，实际产生意义和价值的是思索事件背后机制的每一个个体。换句话说，因为有“黑

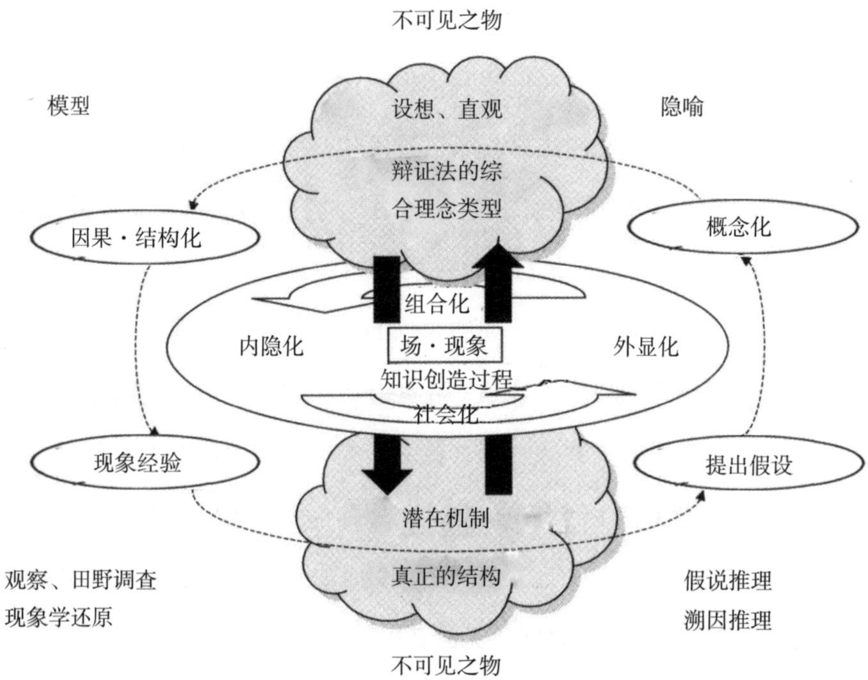

图 2-9　见不可见之物的知识创造（知识动力学）模型

箱”，所以有差异，但是一般认为这是因为个人的创造性、想象力不同，逻辑思考对此没有任何帮助，而我们从哲学、社会学中能够学到关于黑箱的知识的方法。此外，我们努力发现不可见之物的设想、志向也是不可或缺的。

那么以知识创造的过程（创造知识的知识）和社会科学的知识（看见不可见之物的知识）为基础，我们怎样才能在经营的现场创造出知识呢？下面我们将讨论，对于经营中的知识创造来说，不可分割的概念等于知识的方法论。

小结

知识动力学的八种训练方法

（1）悬搁　不是分析状况，而是把自己放在状况之中，观察事物、对象的意识后再进行观察（现象学观察的第一步）；田野调查的观察、记录。

（2）对话　尊重发展进化的“助产术”的对话力学；常常重新审视前提的实践；辩证的过程。

（3）理念　追求独自的设想；通过观察理念从现实中觉醒；从理念类型出发观察现实。

（4）假说推理（溯因推理）　假说推理的实践；演绎、归纳的飞跃；直观把握因果关系。

（5）隐喻　以丰富的隐喻系统性地理解不可见之物；全面、综合的理解与表达；从隐喻、类比向模型转换。

（6）机制　事物背后引发某种现象的动态结构；行为与结构的相互作用；建立潜在机制的模型并进行设计，提炼出体系性的图示。

（7）实用主义　以知识、假说等为工具，创造新事物；追求崇高的知识的同时也不能轻视现实结果和利益。

（8）辩证法的综合　用辩证法的力学坚持不懈地重复与状况、对象相关的知识的创造和实践；多元化思维。

第三章

知識創造の方法論

“概念”方法论

第一节 何谓“概念”

在企业、组织中，“概念（concept）”是知识创造方法论的一个重要方面。小到产品概念，大到事业概念、战略概念乃至发展愿景，我们需要在各种情况下创造概念、构建概念。此外，知识工作者平时在组织中创造出的知识也存在各式各样的形态，如组织设计、商品策划、事业战略制定、发展规划、商业模式设计、问题对策、创新等，而概念对于其中任何一项知识形态来说都必不可少。

作为知识的概念

概念即新观点

日语中概念一词按照其字典意义来使用，和人类、犬等表达事物一般意义和分类的普通名词并无二致。但是在本书中，概念一词所包含的意义比其字典义更广，指的是新的思维方式。实际上这样的概念原本就指新的观点，但随着人们日常使用越来越频繁，这个词变得很普通，失去了新鲜感，成了一般名词。

在哲学传统中，概念本来不表示范畴、类型，而表示决定范畴、类型的知识、观点等。概念引起观点的变化，它不仅能提供新的视角，而且能抓住事物的本质；不仅能探明从前遗漏的或尚未发现的现象，而且可以成为发现新事物的一大助力。

我们所认为的事实，归根结底不过是从经验世界截取的一个现实片段而已，此时用新观点来截取现实的工具正是概念。通过重新认识现实，我们能够发现新的价值，采取新的行动。范畴通过概念得以显现，其效果体现在发现潜在的客户需求、全新的市场空间、革命性战略以及新机制等方面。

美国社会学家塔尔科特·帕森斯（1902—1979）将概念比喻为“探照灯”（见图 3-1）。他把社会行动看成一个系统，这个系统是由构成要素（变量）及要素之间的关系组成的统一整体。概念不仅是新的思维方式，还会引起新变量、属性的搭配组合。比如“汽车”现在是一个普通名词，但是最初的时候“汽车”这个概念打开了全新的视野，它集中展现了发动机、车身、轮胎、车布等部件的物理属性，速度、平稳等功能属性或人体感受以及设计风格等。

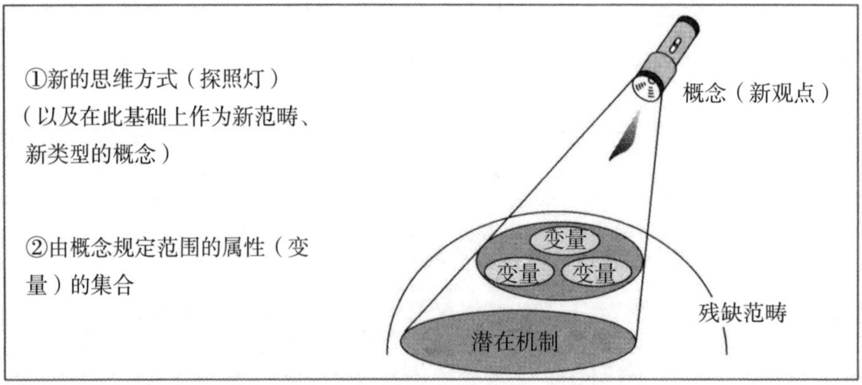

图 3-1　何谓概念

概念时常通过隐喻来表达，但随着时间的流逝，隐喻也会丧失其生命力。曾几何时，汽车被称为“没有马的马车”。第一辆坦克诞生于1915年，由英军制造，最初被称为“陆地巡洋舰”，即以轮船隐喻坦克。早期的坦克有过各种各样的设计，出现了很多昵称，诸如“集装箱（container）”“运水车（water carrier）”等。但是运水车实在是不好听，并且感觉和水槽（water tank）有点相似，于是最终“坦克”作为这项发明的名称被确定下来。

概念与属性（即经验世界）之间的相互作用从未间断，“探照灯”扩大射程，照亮未知的领域，概念通过我们自身的思考得以证实、修正、传播，逐渐产生了“知识”。

需要注意的是，尽管知识中也可能存在没有被“探照灯”照亮的部分，即残缺范畴，但如果没有概念，我们无法判断正误。正如卡尔·波普尔（1902—1994）认为的那样，面向真理的真伪判断的反馈已经停止了。波普尔的批判理性主义思想为20世纪的科学哲学带来了广泛的影响，其思想基础就是可证伪性（falsifiability），即通过试错（从错误中学习）一步一步地接近真理。

《广辞苑》[①]将概念解释为“1. 概念；2. 在策划、广告等中，贯穿整体的统一视角或思维方式等”，其他含义不外乎观念、观点、想法、思想、交流等，也有不少人把某个好主意称为概念。但是在这里我们不讨论每一个想法、概念是如何构思、如何联想的，我们所追求的是创造出能够带来新实

①《广辞苑》，日本最有名的日文辞典之一。——译者注

践的、具有革新作用的、实实在在的概念。

设想、概念、理论

概念对每个知识工作者和组织来说都是有意义的知识，但并不是完整的知识。知识存在不同的层次，既有最初的设想，又有大家公认的、逻辑完备的理论，越接近后者，越具有作为概念知识的意义。关键问题在于概念背后存在什么样的思维方式、关联性或值得信赖的认识等。

换言之，概念处于“设想—概念—理论”这样一个连续体之中。开始时概念或许是模糊不清的，但随着不断深化，它在组织或个人意识中的正当性（信念）会逐步提高。对产生概念的我们来说，它不仅仅是设想、构思，它毫无疑问是创造知识的过程。

创造概念的步骤

概念：理论化的设想

综上所述，概念的方法论需要重点关注两个方面，一个是在产生设想、创造概念的过程中如何增长知识、提高自身智力，另一个是如何将概念变成组织、集体、企业等能够与客户共享的知识。因此，要想使某种知识不仅仅是设想，而能够被全社会共享，那么个人与社会、组织共享日常经验就变得非常重要，同时还需要让这种知识形成完备的理论。那么严格来讲，概念实际上是以理论概念为核心的知识。设想、概念和理论与知识的关系如图 3-2 所示。

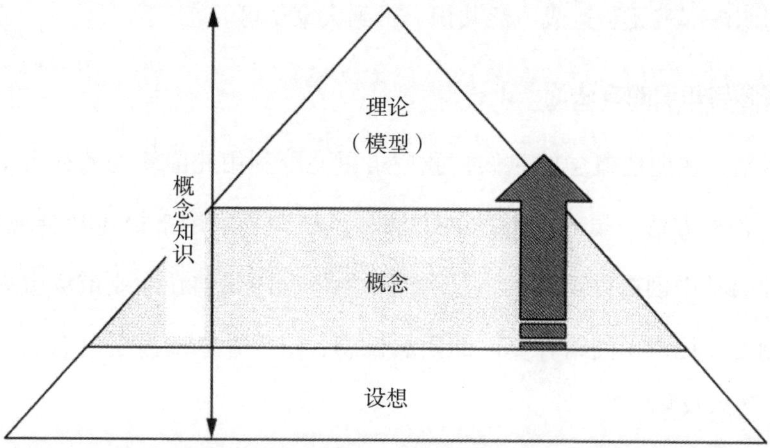

图 3-2 设想、概念、理论与知识的关系

首先，设想来源于每个个体的想法、认识，这些完全都是主观的东西，就连提出该设想的人最初都不能完全说清楚自己的想法——而这正是设想的特点。在设想的基础上，一旦结合了具体环境，或进行了把设想具体化的步骤，或将若干个设想串联起来，使其能被理解，此时概念就产生了。但概念不只是词汇的组合，它必须是全新的观点、简明扼要的语言、能催生新事物的思维框架。如果概念本身或若干个概念间的相互关联受到因果关系的支持，就可以称其为理论。

实际上，很多设想在企业里都被埋没了，我们暂且不谈什么是好的设想，我们关心的是这些设想是否作为概念而得以构建，会对事业发展和企业带来怎样的影响，如何引起市场变化，未来可能出现什么样的状况，以及能否清楚地说明上述问题的因果联系。在此意义上，可以说概念是促使人们理解并付诸行动的理论（即共享形式的知识）。假如没有这样的理论，一个组织内部就无法达成广泛共识、得到大家认可。

概念与知识的方法论

当然，在创造概念的时候，我们可以充分利用此前谈到的社会学、现象学等种种方法。虽然此前这些方法都是社会学家用来描述社会现象的，但是社会学中创造并解释的“民主制”的概念与我们在商业市场中规定的企业制度、提出“网络计算”的发展设想、定义并创造商品概念等行为在本质上没有区别。

从设想到概念再到理论，知识在不断地发展，概念不停地被创造出来，其过程如表 3-1 所示。下面我们将详细探讨每个步骤的意义。

表 3–1　创造概念的方法论的步骤

步骤	应做之事	必要准备
Ⅰ 观察	• 理解意图 • 形成设想的原型	• 观察，现场参与（引入环境） • 经验的知识
Ⅱ 概念化	• 发现意义 • 把握事件背后的机制	• 溯因推理的思维与对话 • 隐喻的知识（从经验到假设）
Ⅲ 模型化	• 找出因果关系（理论化） • 创造系统性的原型	• 分解变量 • 设计的知识
Ⅳ 实践化	• 知识的表达、传递 • 测定变量	• 将概念综合起来 • 讲故事的知识

第二节 “观察”的方法论——经验乃设想的源泉

创造概念的第一要务是纯粹地体验我们参与的事件，或放弃分析的想法，置身于事件的现场进行观察，其中也包括访谈、聆听以及站在客户立场上进行观察等。当然，作为前提，问题和主题已经设定好了，重要的是不带任何偏见地“体验”事件，有时还可以在此基础上对问题和主题进行深入挖掘、重新审视。

从观察中产生设想

调查学习

观察是获取隐性知识的方法。在社会学中，现场体验承担着重要作用，而经验的现象学方法能够辅助社会学的观察。

首先我们要这样做：

- 到达现场；
- 与当事人（顾客、竞争对手、负责人等）对话，倾听、观察他们；
- 成为参与者。

但这里的观察不是随意地观察，必须同时或事先做好对以往案例的研究学习与科学调查；其次，在使用文献进行案例调查时，需要接触有经验（隐性知识）的信息提供者，与他们共享经验；再次，注意要通过实验获得经验（见图 3-3）。总之，要尽最大可能同化、吸收隐性知识。这个过程不仅是产生新设想的源泉，还能避免陷入逻辑抽象思维，保持实践的敏锐性。

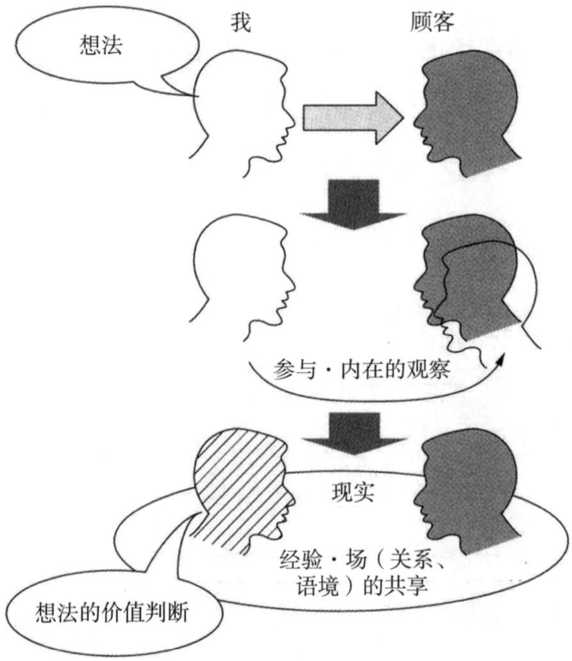

图 3-3　通过观察扩展想法（主观的客观化）

现场的力量

在构思概念时，有时我们已经拥有了某些想法和激情，这是可贵的，但这些想法偶尔也会先入为主，我们需要不断地追求所谓的理念，在更高的层次上发掘本质，确认创造概念的“绝对价值”及意图、想法等。不能以自我为中心，必须置身于现场，与顾客、合作伙伴等共享自己的设想。

3M 等企业很早以前就开始了领先用户①参与策划的创新，领先用户发挥能动性，积极发现需求，解决问题，参与产品的商品化。领先用户不仅限于消费者，具备专业知识的企业也能成为领先用户。3M 等企业与领先用户一起设立了能够共同作业的场所，以便积极投入创新的过程中。

我们要通过深入现场来获取隐性知识。本田技术研究所的宇井与志男用下面一段话描述了他们开发飞度（Fit）时在欧洲进行彻底的现场调查的经验。

> 如果只是调查，派驻现场的工作人员自然会提交信息。不过我们手里拎着六瓶酒，实际感受大小、重量，在超市推着购物车，感觉此时的冷热温度，想要体会与当地人相同的感受。实际上，不同国家，车里装的物品也是五花八门的。但是我们发现，不论在哪个国家，汽车只要将大型购物车能装下的东西全部装进去即可。在现场观察实际情况，切身进行思考，打破脑海中随意描绘的印象，这就是我们执着于身体感受的原因。[1]

想要不带偏见、客观地获取主观的隐性知识看似自相矛盾，但是二者需要同时进行。在构思概念的时候，我们要去商店接触顾客群体，站在顾客的立场观察、倾听，让自己既有观察者（客观）的意识，又有参与者（主观）的意识。经验的知识告诉我们如何把观察融入日常生活之中，这对知识工作者来说是基本的方法。

---

① 领先用户指在一项创新的生命周期初期采用该创新的顾客。——编者注

经验的知识

悬搁

在知识创造中，极其丰富的隐性知识是产生高质量知识的必要条件。隐性知识的共享、获取离不开人与人、人与环境的互动场所，在这种场所中形成的经验十分重要。西田几多郎的纯粹经验就是纯粹的“物我合一”，并非单纯地把互动当作客体去体验，然后超越现在的自己去发现真理，发现眼前即将出现的变化。如果这样就能获得隐性知识，那知识的质量确实会很高。但是实际上，假如满脑子都在想“纯粹经验、纯粹经验”，别说纯粹了，你一定会陷入偏见。那么我们应该怎么办呢?

胡塞尔用现象学使我们注意到日常生活中潜在的哲学问题，他的方法是把“世界是客观存在的”的信念暂时放入括号里（悬搁：现象学的停止判断），在意识构成世界之前，严谨地记录当时的状况，形成哲学思考的基础。我们会因先入为主的观念而做出错误判断，无法虚心坦率地观察此时此地正在发生的现象。悬搁给了我们一个沉思的机会，通过停止判断，我们得以使用纯粹意识进行观察。

这种方法的核心是置身于现场，回想自己的意识作用，一旦停止判断，则原封不动地观察事物本来的面貌，然后从中提取经验的要点，在此基础上进行有意义的知识综合。它本来是临床上的研究方法，不过也适用于对组织内部或经营现场发生的情况的“经验性综合”。具体说来，在几乎是不知不觉地度过的日常生活中，停止判断可以帮助我们从偏见和无意义的思考中解脱出来，用新的眼光观察世界；在出于某种目的观察市场或客户时，如果不融入当时的情境中，则无法理解观察的对象，但假如与观察浑然一体，则难以对其进行整体的把握。总之，置身于现场与观察事物的原貌必须并行不悖，这不是件容易的事，应该当作每天的必修课。

“世界在我心中”的状态

悬搁不单是观察的技巧，还是某种意识的状态，即在不夹杂主观因素的旁观的时刻，相对化地观察正在观察的自己，这也可以说是把外部环境纯粹地映射到自己心中的活动。观察时无须分析，而需要试着从消费者或客户的角度出发看待事物。观察的终极目标是把社会环境共享为自己的隐性知识，综合成意义的原型。

这种观察与综合也有两个侧面，一个是主动的综合，另一个是被动的综合。按照舒茨的观点，所有纯粹地理解他人都是从观察者添加到自身经验中的意义解释开始的，这是主动的。观察者关注的不是他人所处的环境、身体运动等表面的东西，而是其行为的目的、动机或意义等深层的问题。换言之，我问别人（比如伐木的樵夫）“为什么做这件事”时，终归还是要我自己做出解释。

那么我们如何知道樵夫心里在想些什么呢？以下就是方法：首先从自己对知觉材料的解释出发，在心中细致地描绘如果是自己的话会怎样实施这个行为，然后想象自己确实就在这么做，此时我们几乎把别人的目标当成了自己的目标，在想象完成目标的自己。

（舒茨《现象学社会学》）

舒茨指出，这样的观察不是移情或同感。移情只不过是在模拟自己和他人心理结构的类似关系罢了，而这里的观察指的是“思考别人心里在想什么”。如果将此称为主动的综合，这是一个主体性过程，它是在观察映射到我内在环境的同时，形成知识。

另外，被动的综合是在无意中大量接受来自环境或场所的材料，从而形成隐性知识的过程。

虽然大脑排斥“不知道”的不愉快的感觉，但是作为知性的基础的身体却很迟钝，毫不在乎，“不知道就是不知道，还能有什么办法？”……假如大脑发挥作用，只会让已经成蛹的身体化蝶而出。

（桥本治《“不知道”的方法》）

此时场所与自己合二为一，内在与外在也成为浑然一体的经验。这正是普鲁斯特《追忆似水年华》的主人公经历过的无意识的记忆，它不是经过努力恢复的（有意识的记忆），而是在蘸着热乎乎的红茶吃玛德琳蛋糕时感受到的超尘脱俗的舒坦的快感。[2]

第三节 “概念化”的方法论——意义的发现与形成

概念创造是提出假设，从基础的设想、要素的因果关系等出发，推导出新模式的活动，其核心在于对设想的归总，即发现设想的意义。在产品开发等情况下，概念创造很多时候沦为一种“遣词造句”，忽略了之前的重要阶段——发现眼前事物、现象背后隐藏的意义。

假说推理的思维

观察的过程重视直接经验，接下来就要把自己脑海里涌现出的设想作为概念（意义）表达出来。如果只用演绎或归纳，就无法理解观察的目的。只有置身于观察现场来思考，我们对事物、现象的意义才能看得更加实在，上文提到的假说推理和溯因推理在反刍直接经验的过程中效果显著。

推理（reasoning 或 inference）指的是“以某个事实为根据，猜测、论证未知的事件”，它不依赖于直观地获得结果，靠的是演绎推理、归纳推理等论证。但是如果一味想着论证，假说中的“创造性”就无从谈起。与其相信并分析各种材料、信息，不如一心一意地观察，把各种材料、信息作为一种设想，努力找出它们与特定变化相联系的假说。

因此，实用主义的创始人皮尔斯提出了假说推理，这是一种概念性的构想，也是一种类似灵感的东西。符号学家托马斯·西比奥克认为柯南·道尔笔下的大侦探夏洛克·福尔摩斯的探案方法其实与假说推理是一样的，于是他写出了《福尔摩斯的符号学》一书。柯南·道尔是医生，假说推理就像医生给患者看病。福尔摩斯与华生医生初次相遇时，两人握了下手，福尔摩斯便说华生曾经在阿富汗从军，这令对方十分吃惊。华生是军医，从他晒伤的皮肤来看，他应该去过热带，而且受过伤，当时能让英国军医受伤的战场只有阿富汗，这就是福尔摩斯的假设。但这样的推测也可能是瞎猜，侦探（比如刑警科伦坡）根据明显的事实或征兆揪出犯人。皮尔斯说："如果假设偏离事实、不合常理，当然无法解释。我们应该从各种假设中挑出那个最可靠的。"在福尔摩斯系列中，警察之所以笨头笨脑、常常感到一头雾水，就是因为初期他们把现场的表面证据想当然地联系在一起，马上做出"有逻辑"的解释，他们没有以明显的符号为线索，对线索之间的关系进行假设，然后与事实比对。

联想与假说推理的区别

假说推理与联想有相似点，但它不像联想那样随机发散。联想是短期记忆中符号的任意（无关的）关联，比如看到西部牛仔就想起卷烟，这是强制形成的。在概念化的过程中，类似头脑风暴的"场"非常重要，但联想往往沦为各种词汇的罗列，或停留在其词典意义上。

与此相对，假说推理中推理性的、想象性的语言很重要，它的原点是由观察获得的设想的原型——来自感官的记忆、心中的印象、内在的思维等。以此为基础，提出诸如"如果这样做，结果是这样的"的前瞻性问题，或者把自己彻底当成消费者、客户，联想"想要变成这样""想要这样做"等情况。

我们还得注意日语的特点。比如“大风刮来个聚宝盆”①，看似是在解释系统性的因果关系，但是主体从“风”开始一步步变成了“猫皮”，这之间不存在直接的因果关系，没有联想就无法成立。日语的特点就是模棱两可，时态混乱，主语不明确，否定词一般放在最后，一句话如果没有听完就不知道它表达的意思是肯定的还是否定的。总之，日语不适合概念化，不过日语也不是没有一点好处，日语的思维是以动词（述语）为中心的，体现了主客关系模糊的、我中有你的思维。[3]

因此，日语需要有意识地避开冗长的联想，即来自内省层面的表达，同时发挥其不受主客关系制约的“强项”，把自己当成他人，进行假说推理，这可以说是创造概念的一条路径。

那么我们如何把这种含有有机联系的意义表现出来呢？假说推理思维的关键就在于隐喻。

来自隐喻的意义

隐喻的知识

人类对语言的感受是概念创造、表现以及传达过程中不可或缺的要素。在形成设想、创造概念的现场与人交谈时，如果能够灵活自如地运用隐喻，将收到良好的效果。

① 日本谚语，直译为如果刮风，桶店就会生意兴隆。因为风刮起沙尘，使看不见的人增加，看不见的人所用的贴三味线共鸣箱的猫皮需求增加，导致猫的数量减少，老鼠增多，而老鼠啃木桶，所以桶店生意好。——译者注

隐喻的意思是在描述某个事物时将其他事物当作喻体来说明，或以特定的语言或措辞清晰地表示事物整体，进而调整、融合看似矛盾的概念。柏拉图的洞穴之喻广为人知，在他之后也有许多哲学家借助隐喻描述事物。美国逻辑学家、哲学家奎因（1908—2000）把知识的结构比作“信念网”或“句子的织物”；20 世纪 20 年代活跃在维也纳的社会学家奥图 · 纽拉特（1882—1945）用“船”来表示在变化的同时保持自我同一性的知识体系，它是动态的知识的形象，不同于把知识看作图书馆或仓库等静态形象的观点。在商品概念开发中，开发人员分享想法并将其转换为原型之时，隐喻和类比发挥了重要作用。下面是几个具体例子。

- 松下电器在开发洗衣烘干一体机时就是靠隐喻制作了原型。通常情况下，洗衣烘干一体机是正面开门的圆桶式机器，没有纵向的，而一体机最后快速干燥的效果一直不好，这时一位技术人员提出了“中式炒锅”的隐喻，他介绍了中华料理店的店主掂着中式炒锅上下翻动炒饭的场景。技术团队把洗衣机底部装有叶片的部分（波轮）改成炒锅的形状，在烘干的间隙不停地旋转，使衣物向上翻滚，于是世界上第一台纵向型洗衣烘干一体机诞生了。中式炒锅不是灵机一动想起来的，而是人们观察、假设和研究产品特点（快速干燥）的结果，人们把这些由隐喻描述出的概念当作新的模式来理解、共享，直至创造出原型。[4]
- 计算机与通信系统的认知界面离不开常见的“桌面”“对话框”“地

图”“剧场”等各种各样的隐喻。

- 众所周知，隐喻和类比不仅有助于商品开发，还能对企业战略与规划、组织设计以及经营战略等发挥巨大作用。比如在供应链管理等系统开发中，“（乐团的）指挥家”“看门狗”等隐喻都是构建模型时的重要媒介。
- 隐喻也是企业前景构建与传达的途径，我们可以通过隐喻表明企业的前进方向和组织的理想结构。理解知识重要性的企业家往往非常重视运用隐喻，因为知识与行动的一贯性就来自隐喻。前日本电气股份有限公司（NEC corporation）会长小林宏治先生于 1977 年提出“计算机与通信（computer & communication，C&C）”，在计算机普及以前就大力倡导计算机与通信融合，这正是预见未来的隐喻。
- 说到企业组织的设计，德国的弗劳恩霍夫协会用“分形”（局部与整体呈现相同形态的自相似运动）的隐喻创立了以有机的知识结合与传递为基础的独特组织。
- “开放系统”这个概念由以控制论等系统科学为源头形成的组织的开放模型扩展而来，但它现在已经成为超越组织的信息系统与社会系统的隐喻。
- 军事战略中的隐喻也屡见不鲜。美国海军预见了第一次世界大战后在太平洋地区与日军的冲突，制定了夺取日本在相同地区的前进基地的新战略，提出了“水陆两栖作战”的概念，将其作为当时海军的新使命。这个隐喻来自鳄鱼那样的水陆两栖动物，实际上最早的两栖登陆车（LVT）的原型就是以“短吻鳄（美洲鳄）”来命名的。[5]

隐喻的方法

和其他比喻手法相比，隐喻具有什么样的特点，下面我们详细说一说，如表 3-2 所示，比喻的修辞手法分为若干类型，其中最重要的是隐喻、转喻和提喻。图 3-4 是有效运用隐喻的视角。[6]

表 3–2 比喻的种类（修辞手法）

种类	明喻（simile）	隐喻（metaphor）	转喻（metonymy）	提喻（synecdoche）	寓言（allegory）
说明	用“像”“如同”等词语将具有共同特征的两种不同事物连接起来（与隐喻相比，更有逻辑性、解释性）	用与其直接类似的其他事物来表现某个事物的特征（与描写性的明喻相比更加感性）	在表达某个事物时，用和它具有紧密联系的另一事物替代（还原的、外在的）	根据整体与部分的关系，表示某个事物的本质——以整体代局部，或以局部代整体（融合的、内在的）	隐喻的发展——多重的、复杂的、丰富的想象，拟人化的表达
	A=xxxx	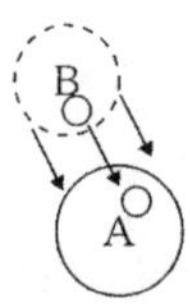	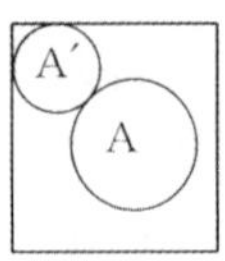	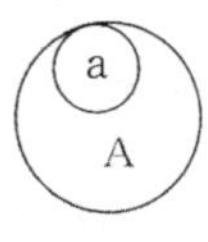	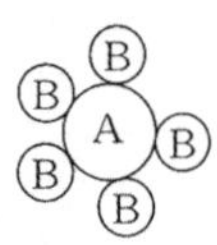
关联	直接相关	用与 A 不同的事物 B 指代 A（A 和 B 具有共同属性）	用和 A 紧密联系的 A′ 指代 A（A 和 A′ 属于同一范畴）	用 A 的局部 a 指代 A（a 是 A 中的典型）	多重的

（续表）

种类	明喻 (simile)	隐喻 (metaphor)	转喻 (metonymy)	提喻 (synecdoche)	寓言 (allegory)
用例	• 如海一般广阔的地方 • 邪恶轴心	• 金钱就是力量 • 吾爱如蔷薇 （适用于表达概念等）	• 蓝眼睛→西方人 （适用于表示历史、计划等）	• 以樱花指花 • 以帆指船 • 以心指本质 （适用于喜剧、想象等）	• 但丁的《神曲》 • 巴洛克风格

注：其他还有讽喻（委婉劝说）、引喻（引用典故）等，但它们不是表达结构上的分类，故在此省略。

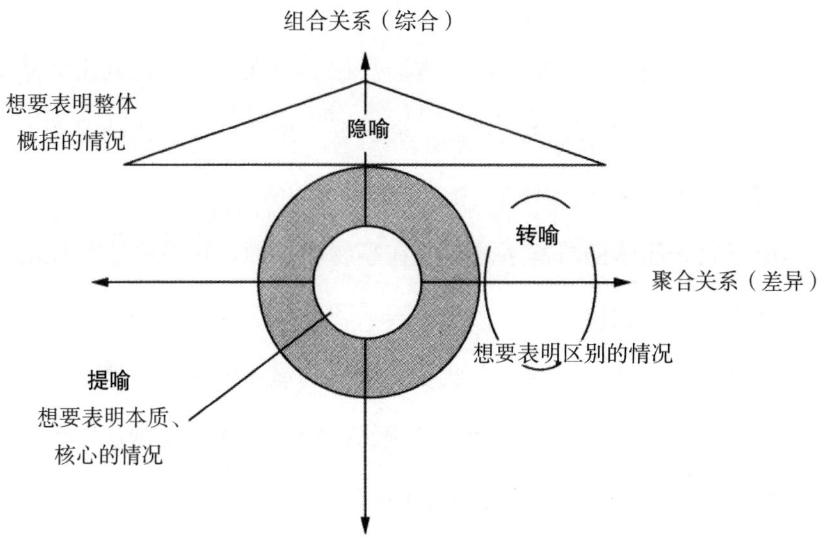

图 3-4 有效运用隐喻的视角

隐喻基于“类似”的思维或表现方法。我们从自然或社会中找出隐喻的题材，比如用“巴扎尔”来称呼市场，在食物中也有“赏月面”（打入鸡蛋的清汤乌冬，下同）“目玉烧”（煎蛋，“目玉”在日语里指的是眼球的形状）等。此外，隐喻还表示组合关系，即把想要表达的事情整体组合起来，比喻性地描述。

转喻指的是用与某一事物密切相关的另一事物来代表它，如红与黑之于荣光与黑暗。章鱼烧（只用章鱼的须子代表整个食物）、狐狸乌冬（铺上油炸豆腐的乌冬面，在日本，传说狐狸喜欢吃油炸豆腐，也有说法称油炸豆腐与狐狸毛颜色相近）等名称都使用了转喻。转喻表示聚合关系，即某种差异、不同。

提喻适用于表达事物的核心、本质。比如，在日本，说到山就是富士山，花就是樱花，钻石就是闪耀，“亲子饭”里的“亲”指的是鸡，“子”指的是蛋，说到烤肉一定想到牛肉。提喻表示包含关系。

类比不属于比喻的修辞手法，但在事物的相似性以及基于类比的思维方法（类推）上，它接近明喻。在工程学和设计学中，人们把天地造化应用于机械结构，比如由花卉的形状变化联想到镜头的快门，这就是类比的思维。类比进一步发展就是模型，总之，隐喻、类比、模型这三种思维能够有力推动概念的因果关系的发现及理论化。

隐喻的作用

社会或组织共享的隐性知识是隐喻的必要前提，隐喻在与隐性知识产生关联的基础上形成概念。换言之，隐喻与我们的文化记忆（长期记忆）密切相关。

隐喻指示的不是直接对象，而是看待事物的方式、心理倾向以及我们的心智模式，隐喻和它们是相通的。"时间就是金钱"这句话用经济的隐喻来描述时间，明确表现出时间对于商人的意义。以这个概念为基础，日常生活中出现了许多相关表达："她浪费时间""他不善于节约时间"。

好的隐喻力求用最少的表述传达最多的信息。美国著名认知语言学家乔治·莱考夫和马克·约翰逊举出了有名的隐喻的例子"争论就是战争"，我们确实经常说"捍卫自己的观点""击败某人的观点"；再比如"讨论就是旅行"，我们会使用"出发""到达（得出结论）""一步一步""偏离（路线、事理）""迷失"等表达。[7]

隐喻还经常把看似矛盾的概念结合起来。比如把笑当成物质，我们会说"爆发出笑声""会场充满了欢声笑语"；把想法比作植物，我们会说"开花结果""植入""贫瘠"。

在与人交流、思考时，我们要常把隐喻的特点和作用放在心上，有效运用隐喻能将丰富的隐性知识转换成概念或创造新概念，比如下面的例子。

（1）言不可言之事

与只说"小鸟在飞"相比，说"麻雀在飞"或"知更鸟在飞"更容易获得心理映象，这是因为麻雀、知更鸟在文化上更能代表小鸟。

在表达社会、自由、真实、善良、美丽等抽象概念时，创造新词汇比较困难，而隐喻可以解决这个问题。

柏拉图在《理想国》中把理想的国家划分为三个阶层，即生产者（商人）、保卫者（军人）和统治者（政治家），这三个阶层需要分别对应三种德行，即节制、勇敢和智慧。柏拉图还把人的灵魂分为三类，即欲望、激情和理性，他使用“两架马车”的隐喻，理性是驭马者，激情是驯服的马，欲望是桀骜的马，它们并驾齐驱奔腾向前，这就是他的理想的国家、完整的个人。

濑户贤一说：“我们为了将无法表达之事表达出来而殚精竭虑，实际上也在不断地实现那些事”“隐喻是用来理解难以言表的世界、现象的有力工具”。

（2）发现隐藏的力量和结构

隐喻常常影响宏大概念的构成。莱考夫指出隐喻在政治政策中发挥着潜在的作用，得出了以下结论：政治政策派生于基于家庭的道德模式，而无意识的概念隐喻构建了这种模式（保守派就像严父，自由派就像慈母），想要理解政治立场，就要先理解它符合哪种模式。[8]

（3）行为革命

隐喻还能改变我们的行为方式。下面几个有趣的例子说明了它的具体效果。

把不会跳箱的学生分为AB两组，每组10人，教给A组的动作技巧是“双脚并拢，用力蹬跳板起跳，手伸向跳箱的前方”，而告诉B组的方法是“‘嘭’的一声跳起来，然后像在空中飞一样”。结果A组只有一两个人完成了动作，B组都学会了跳箱，而且起跳和手势都不错。换言之，与盯着技术细节相比，如果团队成员能够共享跳箱的标准姿势，效果就会显著改善。[9]

“一位将军计划占领位于某国中心地带的要塞，他感到头疼不已，这个要塞连接很多条道路，道路呈环形放射状，遍布地雷。小股部队可以通过，大部队出动就会引起爆炸，但是必须全军出击才能拿下要塞。”这是一个心理实验，将军其实与面对放射线治疗问题的医生本质上立场相同。在放射线治疗时，要塞就是肿瘤，地雷就是不能受到伤害的正常组织。那么怎么办呢？实验分为若干个小组，研究人员给每个小组都提供了解决方案。一个方案是“找出一条通往要塞的无人防守的道路，全军都从那里通过”，还有的方案是“把部队化整为零，从多条道路同时前进”。听了前一种方案的小组给出的答案是“通过食道进行放射治疗”，而听了后一种方案的小组里有很多人认为“在肿瘤周围用一些较弱的射线照射肿瘤”，后者才是正解。听了“化整为零”方案的小组正确率达到 75%，没有听到的小组正确率只有 10%，并且在知道了正确答案后也没有多少人认可其有效性。更重要的是，一开始没有受到类比启发的小组在得到提示后，其正确率仅为 30%，这正是因为他们没有获得隐喻、类比的知识。[10]

第四节 “模型化（理论化）”的方法论

概念是关于商品、事业、组织、制度等的新观点。通过将一些小小的想法条理清晰地结合、统一起来，概念的恰当性得以提高。在概念化的过程中，我们提出假说来判断新的意义、新的机会以及变化的方向，并用隐喻把它们表达出来，这是创造新词汇的阶段。我们需要搞清楚形成概念的要素之间的因果关系，并将其上升到理论（概念知识）层面，这是模型化的工作，目的在于系统性地理解概念，使概念成为可以共享的知识。然后根据这个模型，分解出若干个能够客观分析的变量，进一步完善概念。

从因果关系到模型化

从隐喻到因果关系

概念不仅是在概念化的过程中通过分析意义、追求本质而得到的新观点，还是从特定的社会语境中提炼出来的本质性语言。在隐喻、类比所表达的概念背后，各种事物、现象以及设想凭借某种逻辑而存在，不过都还停留在意象的阶段。

假设我们用某个隐喻来表达新产品、新业态、新事业、新制度等的概念，那么它为什么具有新的意义，为什么有效，对谁有效，与当前有何不同，为什么需要它？我们不能孤立地看待这些问题，而应明白概念背后的因果关系或由概念阐明的潜在机制，描绘出整体的面貌，对概念以及形成概念的主要原因进行直观的思考。

社会学中的因果关系

高根正昭认为，说明因果关系并解决问题的第一步是把面对的问题（概念）看作结果[11]，然后找出造成这个结果的原因，如果能解释二者之间的因果关系，那问题就解决了。因此，我们的课题是把形成概念的原因体系化，作为理论来理解。

韦伯发现了“新教伦理”和“资本主义精神”之间的因果关系并据此提出假说：看似与追求利润势如水火的新教现世禁欲主义正是产生资本主义精神的契机。在传统上，不论时代，不论国家，经济行为都被认为是偏离道德原则的，但是新教积极认可经济成就的倾向带来了意想不到的结果。图 3-5 描绘了韦伯的逻辑体系，他首先从既有的材料和观察中找出关联性，提出假设（整体框架）——新教伦理形成资本主义精神，然后梳理出它与现实的对应关系（加尔文主义的教义即“天职”观、宗教理念等），确立理念类型，在此基础上（直接救赎，非修道院组织等）把关联性凝练成理论模型（明示因果关系）。

模型化的意义

在构建因果关系时，我们应该把它当作诠释整体的模型，而不是每个要素之间的关系。概念创造与模型化或许不会马上结合到一起，但概念往往被认为是语言的问题，有时甚至还被当成文字游戏。我们需要进一步完善概念表示的新观点，在观察概念所处的语境的同时把它变成理论性的模型，使它易于被理解、被模仿。

构建的模型不仅要表示因果关系，还要能解决实践中的问题，具有预见性。因此，模型必须按照下文的观点进行设计。模型或被称为雏形、方程式等，正如韦伯的理念类型一样，模型在说明特定方面的同时，总结出肉眼不可见的概念及其背后的因果关系，并进行系统性的描述，把它变成

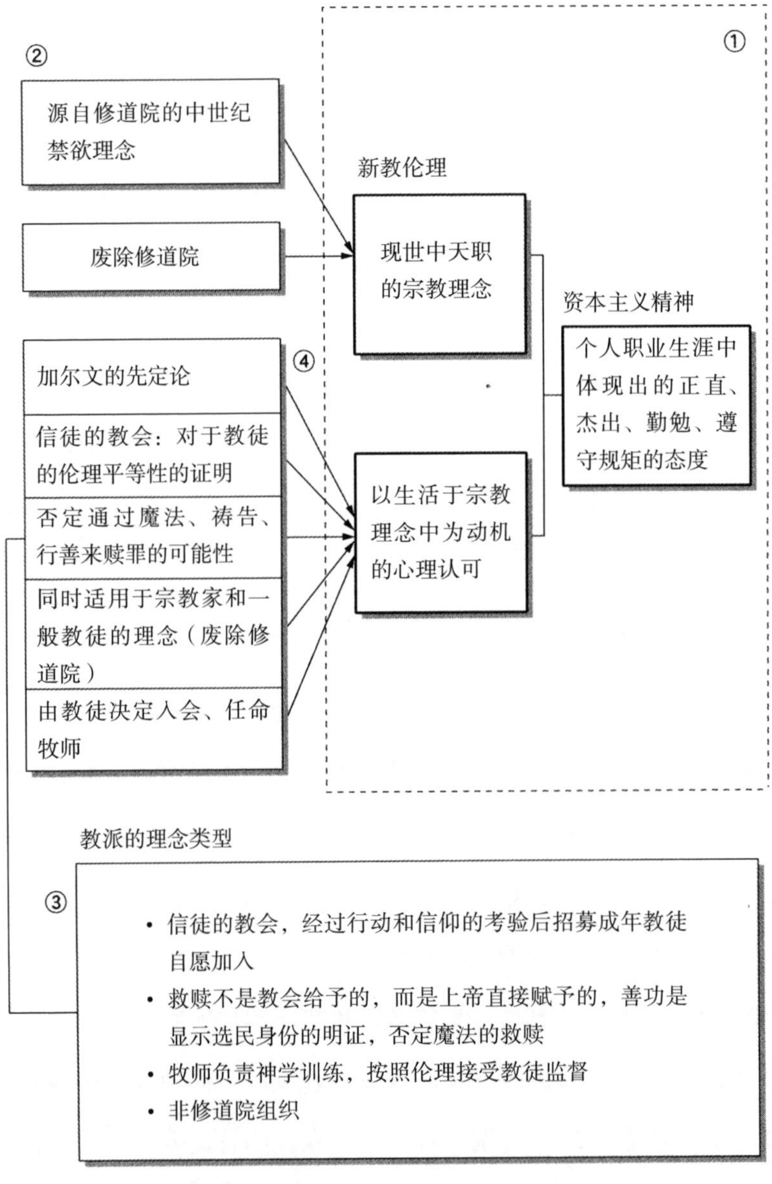

图 3-5　韦伯《新教伦理与资本主义精神》的因果关系框架 [12]

可以理解、可以共享的知识。如图 3-6 所示，模型在理论的支持下，成为通向现实世界的桥梁，它一方面通过演绎适用于现实，另一方面在归纳、概括现实世界的材料中，二者相辅相成，缺一不可。

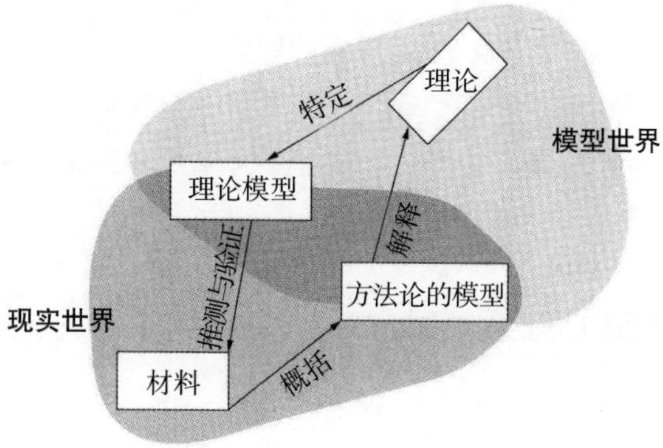

图 3-6　理论、方法论及其应用

资料来源：西卡《社会理论是什么》

涂尔干认为，如果想让社会科学作为实践理论而成立，必须具备“更好地解决实践性问题”的意义，所以他以模型思维为方法论，根据自杀率的统计材料推导出“社会整合程度决定个人的不安程度”的假说，建立了“社会联系越松弛，自杀倾向越强”的人的模型。

在《自杀论》中，涂尔干以实际问题为出发点，从实践性的对策到假说验证，按照顺序逐步推进。其中的关键是“人的追溯说明”，它指的是聚焦于鲜活的人、每个个体，重构理论概念的阶段。它不单要观察材料，还要以人的视角把假说转换成模型。

按照这种方法，我们得以完成从假说到理论的构建。具有普遍性的理论能以同一种原理解释看似毫不相关的经验事实，其重要性不言而喻，而模型化则是往来于经验与抽象之间的必要手段。

分解概念的变量

变量的作用

在建立模型的过程中，我们可以把概念背后的“要素”当作“变量”，将其运用于理论化的过程中。可以说，变量是具有很强的客观性的要素，它能更好地解释我们想要创造的意义。通常认为，新概念的意义范围中存在一个以上的变量。

我们用变量表示隐藏在事件及其变化背后的机制的成因、引起的事件、现象的成因、将设想外化的线索或假说、说明模糊的想法以及其他相关事件的要素，它们都是媒介，客观地把握由隐喻表达的想法或含混的意象背后的意义。在面对新的商业模式的概念时，我们在开动脑筋思考使概念外化的社会与市场因素、客户的属性，或生意兴隆的组织特点等的同时，找出这些变量。下面我们谈一谈把构成概念的要素转换为变量的基本方法。

概念越复杂，变量就越多。比如“有机团结”（具有异质性的每个个体在特定关系中联系起来的社会团结的类型）需要引入社会关系的数量、人口密度、相互作用的频度以及生产水平等多个变量来解释。

“天然纯净水，健康到您家”，这种平时常见的商品概念说的是一个新型净水器，其中“放心”是化学成分层面上的变量，“好喝”是感觉层面上的，与净化机制相关的装置是功能层面上的。表 3-3 列出了概念与变量的关系示例。

表 3–3 概念与变量的关系示例

新概念的类型	构成概念的变量
有机团结（涂尔干）	社会关系的数量、人口密度、相互作用的频度、交流率、输送率、人口规模、冲突的频度与强度、福利水平、生产水平、生产的质量、对知识的关注度、感性（高—低）
网络计算	连接的计算机数量、节点 / 服务器数量、计算机之间的信息传递效率、架构的质量（通信规约、软件、软件开发的环境）
净水器（“天然纯净水，健康到您家”）	放心（有害物质残留比率）、好喝（含钙量）、净化功能（过滤精度）

变量的定义至关重要，我们很多时候都是在仔细推敲如何定义变量后再思考表达概念应用什么词汇（请参考本节作者笔记“通过‘关系’思考概念”）。比如“知识工作者”这个概念反映出知识社会的历史性和时代性，是令人恍然大悟的新观点，但它本身可能有一些不清晰的地方，可以被添加上各种意义，它对一些人来说意味着职业分工，对另一些人来说则意味着（不同于白领的）能力和知识。像这样，如果把焦点放在基于范畴或类型所创造的概念上，就会为词汇所牵绊，产生模糊的、多义的解释。如图 3-7 所示，我们来分解一下“知识工作者”的变量，根据诸如教育训练水平、组织归属（自由度）、所得水平等，能够更加明确地区分知识工作者与非知识工作者。只有这样我们才能抓住线索，更加客观地表示我们想要通过概念表达的事物。

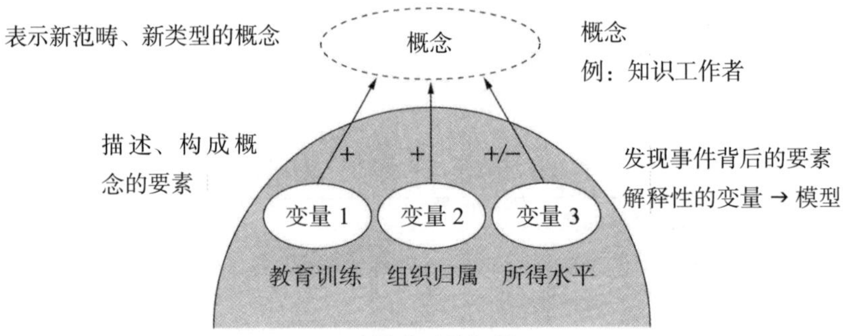

图 3-7　概念的图式

变量之间的关系

图 3-7 描绘了理论概念中的范畴、类型与构成要素（变量）。我们可以挑选几个变量，把它们有机地联系起来。在商品概念中，人们常常将若干变量相结合，从而表现出象征意义。例如，以下情况（○○○和△△△等代表变量）。

在○○○和△△△的作用下，身体保持自然的平衡。

○○○、△△△与 ××× 的和谐组成了繁华的街道。

如果您注重身体的○○○和△△△，就喝新饮品 ×。

轿车Y以○○○（实测 ××）和△△△（标准尺寸）引领新一代标准。

当然，像普通的市场调查、案头调研都能做到的那样只罗列变量的话，无法使人感受到在本质上究竟有何便利，有何价值，以及为什么有这样的便利和价值。正如本节开头所说，概念的核心由基于因果关系或模型的若干变量的组合构成，概念是理论、模型的“积木”，根据变量间的关联性创造出什么样的命题和理论是关键问题，同时也不能忽略最初通过直观、隐喻所表示的概念的新观点的本质部分（即真正的概念）。

设计的知识

构成概念的方法

模型化是体系性地、动态地构建、描述多种要素（变量）间因果关系的过程，它也不能缺少设计的知识。设计是20世纪的代表性知识，它是一个统称，在大街小巷中随处可见。但是在一切设计的现象的背后，隐藏着作为知识的方法的设计。比如在设计中，理想状态指的是使“最小的结构包含最多的意义”的信息和知识的组织化，其结果以模型、原型等形式呈现，可以说这正是面向理念的创造。

设计的知识由湮没于日常生活和传统中的符号的解体与重组，从身体的、感官的经验到原型或形态的组织化，调节相互矛盾的要素等构成，它本来就是创造的方法论，代表了具有直观性、融合性、创造性的身体和感官的思维。我们把它定位为以人类的视觉能力和形态创造以能力为背景的“知识方法论”，其中最重要的关系是“隐喻→类比→模型”，人们通过隐喻理解潜在的社会性、文化性因果关系，它以具有具体对应关系的类比为媒介，浓缩成最终模型（原型、模拟实验模型、因果关系图式）。

设计的思维

设计的思维方法是一个模型化的过程，它置身于多种状况之中，推动知识的组织化（或系统化），调节各种矛盾，直至实际解决问题。[13]下面我们看一下具体步骤。

（1）直观提出若干个与对象有关的故事（插曲、隐喻）的假说，这能立即在设计师的大脑里呈现出视觉效果。

这里的重点是对问题本身的理解。比如通过视觉的意象、图像或隐喻等来把握设计的目的，探索在什么范围内设计什么样的模型，关联要素是什么等，列出显示变量间因果关系的图式。

（2）积极关涉相关的周边事物和信息，与他人对话，对故事进行修正，同时形成一定的理解。设计师要调动感官和理智来观察用户，推动问题在形式上得到解决。模型或许可以用语言表达出来，但其全貌还是视觉性的。

现实的设计方法有四步，这与模型的设计大致相同[14]。第一步是挑选眼前的材料、要素并进行组合；第二步是援用已有的模型；第三步是运用设计规范（如模块、要素的连接规则等）；更加有效的是第四步，根据其他领域的类比，创造新的解决问题的模型，然后把这些模型当作故事、隐喻来描述。

（3）整个过程不会一帆风顺，设计师需要时常回归原点。

设计的思维方法的特征之一就是同时考虑各种要素，同时推进多个替代方案。在此过程中或反复实践，或回归最初的印象，实现 SECI 模型的螺旋运动。

（4）最终从实质上解决问题，这是按照某种审美的、传统的、文化的、社会的系统，把大部分与对象有关的要素或知识默默地组织起来的行为（故事、系统丰富与否，取决于设计师的知识、资质和经验）。

设计中有不少陷阱，而且产生陷阱的原因繁多，既有物理上的，又有关系人的感情的。在模型化中，我们必须能时常意识到它与现实事件的关联。

（5）这个过程没有终点，只要有关联，创造就会持续下去。

通过以上过程，要素、组织之间的调节、整合以及概念的视觉化等设计师的知识的效用就会显现出来。

设计师的构思方法：身体风暴

身体的参与是设计的一个重要方面。设计的知识贯穿从观察到概念化、模型化的全过程，而观察离不开身体的参与。

作为产生新观点的方法，社会心理学家亚历克斯·奥斯本在 1939 年提出的头脑风暴法广为人知。头脑风暴法大约以 10 人为一个小组，在尽量自由的气氛中激发大家的想法，为保证自由畅想，任何人不能当场对提出的设想进行批评和评价，而要把评判放到最后阶段。从广告方案到新产品的研究开发，头脑风暴法得到广泛运用。此外，上文已经提到，在汇总想法时，亲和图法十分有效，用卡片把看上去与某个主题相关的设想记录在案，把能想到的全都写上去，一张卡片记一项，然后按照相近程度将它们归纳整理。

而身体风暴靠的是来自身体的构思，它与头脑风暴的最大区别就是它“站在对方（用户）的立场上思考”。头脑风暴根据自身的经验材料联想式地发散思维，而身体风暴则是把自己当成用户，调动身体感官，以它为媒介，把感受到的东西作为隐性知识积累下来，这是以使用者为中心的思考过程。

身体风暴是设计的基本技巧之一。在设计移动空间时，不管是汽车还是飞机，在有限的、狭小的空间内如何放置身体，如何活动，感觉如何，只有让身体去实际感受、实际“思考”才有意义。同理，在模型化中也要加入与身体感官的互动来表达观察和概念化获得的知识。

设计的知识——知识的重组

工程技术领域的概念的模型化（理论化）需要更具系统性设计的知识。这里所说的“设计”强调构建性、分析性。设计可以说是将（包括模型在内的）人造物、对象以及系统的结构具体化，使其能够在现实中生产、构建的决定性过程。它详细划分人造物的结构，将其降低到能够操作和测量的程度。换言之，我们从结构上分解无意识的行为，通过研究形成这些行为的要素来加深理解。因此，在实践化阶段，设计起到了把模型具体化的承上启下的作用。

在模型化中，要素之间的关系有很多种，它们可能是相互关联的系统或子系统；可能是意义的“距离”；可能是原因和结果；也可能是基于不同性质的要素的归纳。此外，设计的目标是达到最佳化，在此过程中，我们运用自然科学的规律，同时为了具现化，还需要在符合当时情况的状态下不断反映背后的隐性知识（如遇到的各种障碍、失败的经验和知识等）。可以说，设计学既是理论性的，也是经验性的知识。

我们要养成根据语境运用工程学或经验性的显性知识的思维方式，它可以在模型化的过程中为我们提供多个选项。如果想要对经验及其包含的知识进行再利用，就要注意整理在形成经验的过程中观察到的知识（显性知识），根据具体情况灵活运用（也就是将其变为隐性知识）。做不到这一点的话，一切诀窍都不过是单纯的信息。只有在合适的时间、合适的地点，知识才具有价值。

图 3-8 展现了知识重组与“场”的关系，这里的关键是“场”。用户了解自己面对的问题的状况（场），根据其语境选出方法、技巧，致力于构建可利用的体系、结构等。这种观点对于知识管理来说当然不能忽略，在知识管理领域，人们正在以知识表达的语法（即“场”的规则）为媒介，有效运用信息。

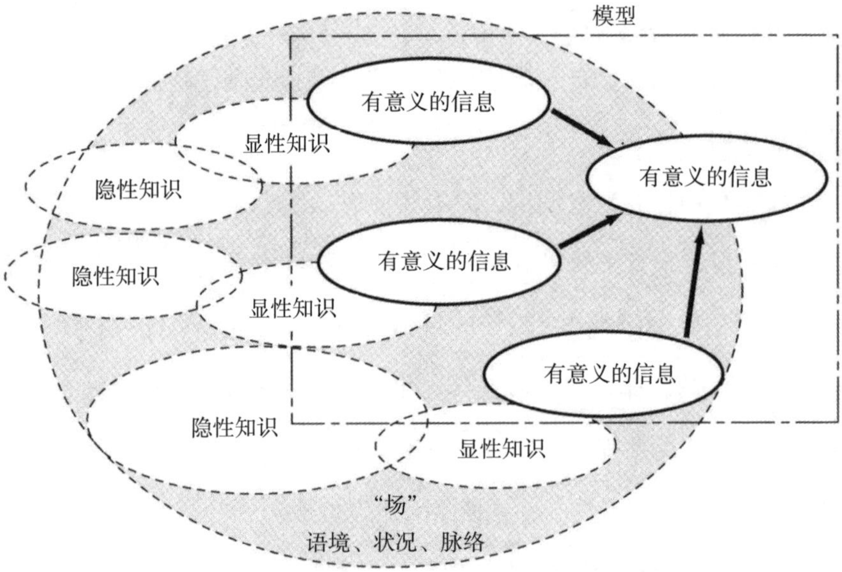

图 3-8　知识的重组与“场”的关系

在这种背景下，有效的做法是把设计工程学的知识行为当作数据库中的数据来汇总、分析，注意其背后的语境，同时做好结构性的整理。TRIZ 理论彻底地建立了这一体系，它是一种发现问题的解决理论，科学地贯彻了工程学的构想（设计）。TRIZ 的目标是将知识结构化，用它们来支持工程师的设计思考。

TRIZ 理论体系[15]

- 20 类技术趋势
- 109 项科学技术原理（109 项共计 521 个原理）
- 14 大类 283 个实现目标的功能

- 248 个系统改良（解决问题）的事例
- 构成“矛盾矩阵表”的 39×39 个通用工程参数
- 40 条发明原理

在设计过程中的应用

举个例子，“实现目标的功能”就是对于“物质”的获取、保持、保护、清除、驱动、分割、性质测定、性质改变，是对于“场”的生成、积累、吸收、性质测定、性质改变、空间配置改变，这些能支持、推动设计者进行思考。

TRIZ 理论的核心是“矛盾矩阵表”，用 39×39 个通用工程参数来解决技术矛盾。

如此精细化的理论的认识基础正是一切书面上的技术知识（信息、数据库等）和曾经的成败案例，其价值在于能聚焦于当前研究者所面对的状况，然后使用那些理论。

最近，畑村洋太郎的《失败学》备受关注，作者着眼于语境和要素之间看不见的联系来分析失败的案例。组织的领导者根据这些知识，把状况作为“场”来理解，就能从结构上降低失败的可能性，进而产生具有创造性的设计（模型化、概念构建）。

通过变量把握因果关系

前面我们讨论了因果关系的发现、模型化、概念的变量表达及其实现手段（即设计）的问题，下一步实践化的主题是模拟实验和传达，使概念具现化。这一步以根据变量的概念验证为前提，那么我们就来看一看变量之间的关系。

如前文所述，在理解因果关系时，正确的做法是把设想、概念的要素分解为变量，我们把属于原因的要素称作“自变量”，属于结果的要素称作“因变量”。

自变量（A）（原因） 因变量（B）（结果）

这种关系可以表达为“在此条件下，A 引起 B”，正是它体现了概念的意义与价值。下面是两个经典的例子。

经济原因（A）决定社会结构（B）。（马克思）

非经济原因（宗教）（A）促进资本主义的形成（B）。（韦伯）

原因与结果、自变量 A 与因变量 B 之间有下面 3 个重要原则，如果无法同时满足，则因果关系不能成立。

（1）A 变化，则 B 也变化（即共变关系）。

（2）A 先于 B 发生（时间顺序，自变量发生在前）。

（3）只有 A 能引起 B，其他原因不能（无关变量不引起变化）。

第一条原则类似于相关关系，即 A 的值升高则 B 的值也升高；第二条原则说的是原因必须发生在结果之前；对于理论概念来说，更重要的是第三条，即作为基本的验证方法，我们可以设置两组实验，只调节一组中被认为与因果相关的变量，另一组不变（控制组），在其他条件相同的情况下，因果关系就显现出来了。

此时我们需要排除伪关系（spurious relationship，又称虚假关系），找出真正的因果关系，这与追问概念的本质是相同的。眼见不一定为实，我们经常为表象所蒙蔽。例如，我们可以从下面的因果关系中设想什么样的概念呢？“某统计显示，鹳的数量与每年诞生的婴儿数量之间存在相关关系。鹳真的会给人类带来婴儿吗？”[①]我们仔细观察数据就会发现，城市与农村地区的出生率是不同的，而鹳主要生存在农村地区，所以真正影响出生率的主要原因应该是城市化。城市生活灯红酒绿，生育观念不再是传统的，而农村保留了相对传统的生活环境，且娱乐活动少于城市。因此，虽然城市里鹳的数量更少，出生率更低，但不是鹳影响婴儿数量。我们知道鹳不能送子，但是在日常的企业经营中，却常常犯类似的错误，要么生拉硬扯因果关系，像“全球化发展导致销售额下降”“当前宽带发展迅速，所以我们公司也进军这个行业吧”等，要么员工对上级隐瞒问题，报喜不报忧。

概念创造有时会宣传效果或设置前提，如“自然食品有益于健康”。比如有一个案例是这样的，有人说：“调查结果表明，职场中咖啡的消费量越高，心脏病的发病率越高（二者之间存在很强的相关关系）。”那么是不是

① 北欧地区有这样的传说。——译者注

不喝咖啡就不会得心脏病呢？[16] 其实，职场人士得心脏病的真正原因是压力大。如图 3-9 所示，随着职务级别的提升，公司内外事务相应增加，对咖啡的需求也越来越大，同时工作压力加大，心脏病风险提高。因此，观察职务层级就会发现，压力的增大才是心脏病的发病原因，喝咖啡和得心脏病之间只是疑似关系。

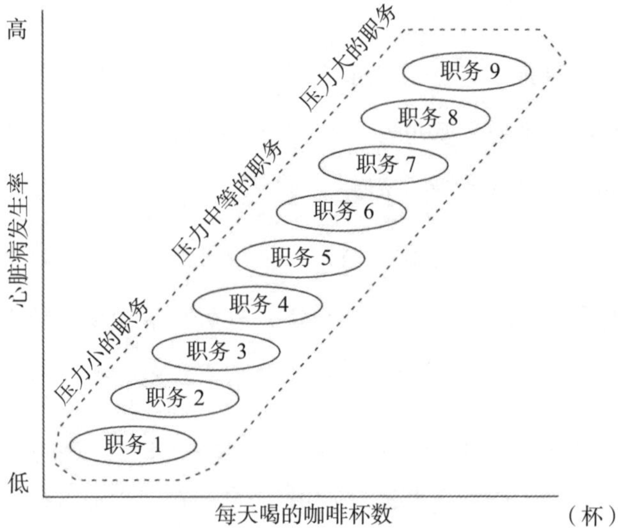

图 3-9 咖啡消费与心脏病之间的表面关系

顺便提一下，据咖啡专家说，市场上的生咖啡豆中混有缺陷豆，这给整个市场造成了不好的影响。由于不良栽培或管理不善，缺陷豆甚至会影响身体健康。所以要想享受咖啡本来的味道，就必须去除不好的咖啡豆，以上假设也许应改为“不喝品质不好的咖啡就不会影响健康”。

作者笔记

通过“关系”思考概念

有效进行理论化、模型化的方法是使用变量发现概念的关系，那么我们应该如何提取变量呢？以下是几个具体路径。

（1）从事物现象的差异中发现变量

某公司的产品（如录像带）的销路集中于特定领域（如体育、旅游），而从性别上看，每个领域的销量存在很大差异，这时，我们要思考其背后的原因是什么，或许可以使用“男女之间对于视觉体验的不同态度”这一变量。

（2）找出背后的基本变量

通过观察、思考，我们想出了若干个表达概念的词汇可以直接使用。但如果把多个变量放在一起看，就会发现它们背后还存在一贯的、更具普遍性的变量。例如某产品的不同型号的销路反映了“家庭结构”“收入”等属性变量的差异。

（3）通过组合创造新变量

在观察由假说得出的变量时，有时可能自相矛盾。一般认为家庭收入高则家庭成员受教育程度高，社会地位也高，但是在新兴行业，年轻人越来越多，这时我们就要考虑诸如“新生代意识增强”的变量。

（4）通过比较发现新变量

观察的结果是获得了多种不同的知识。在进行组织访谈时，面对“对于我们公司来说，重要的知识资产是什么”这一问题，大家仁者见仁，智者见智，这时我们应认识到不同的意见来自于不同的情况（各个部门都有各自的组织文化），思考为什么会产生这样的差异，或许可以提取出“不同部门的服务化程度”的变量。

（5）通过组合基本要素创造新变量

把若干个变量归拢到一起，在梳理事件的过程中产生新的变量。例如在国际采购业务中，信息技术资产的所有关系（属于本公司或从外部租赁）以及合同有效期等对于服务设计、合同等很重要，与此相关的基本变量要考虑客户企业与服务提供者之间的关系，二者“过程共享程度”的变量会影响收益。

除此之外，变量之间的因果关系（连接）也有几种基本模式（见图3-10）。

- 线性：随着X轴的数值增大，Y轴的数值呈正比例关系增大，或者相反，呈反比例关系减小。比如如果消费税是5%，销售额也呈线性增长。这就像出租车计费那样按里程数阶段性计费。
- 非线性：表现为吊钟型曲线，X轴的数值增大，在到达某一点前Y轴的数值也增大（或减小），随后开始减小（或增大）。这是类似于流行趋势的反复的曲线，反映出产品的生命周期等。

- 指数函数形：随着 X 轴数值的增大，Y 轴数值急速增大（或减小）。例如，由于系统的构成要素增多，其复杂性急速升高，或由于客户信息的不对称，需求与供给的不平衡加剧。当市场上出现这种倾向时，“私人订制”可以解决问题。这是在重复周期性增减的同时不断增加（或减少）的曲线。

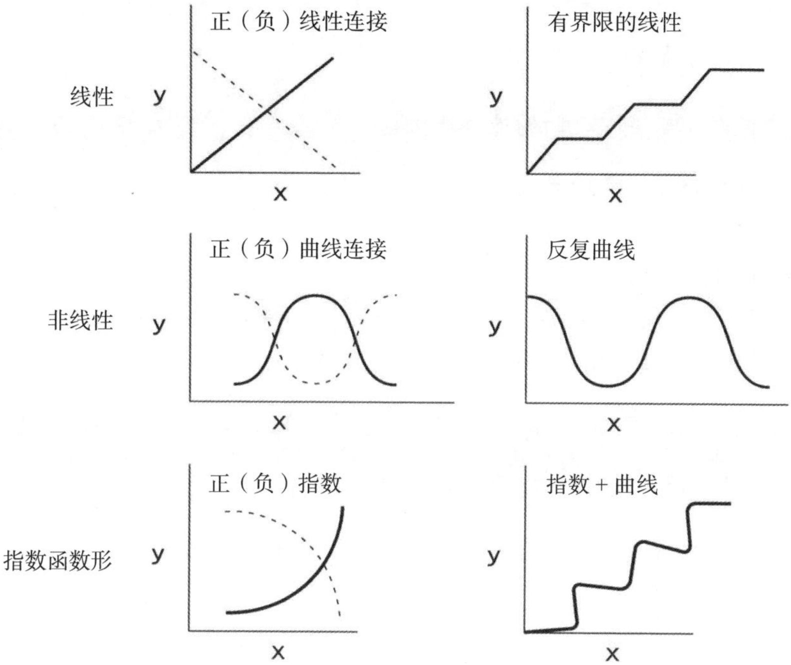

图 3-10 理论概念连接的各种形态

以上变量间的关系为什么这么重要呢？因为它不仅把构成概念的变量作为要素列举了出来，还显示出这些变量为什么能构成概念，或是通过分析（假设）多个变量之间的关系，能够创造出更容易理解的概念。

第五节 “实践化”的方法论

根据概念的综合

接下来我们谈一谈将概念具体化的实践步骤。理论概念需要考虑下面三个要素。

（1）语言上的表达

（2）概念（变量）之间的连接及依据

（3）具现化，测定的方法

举个例子。

（1）“优秀的项目团队”这一概念

（2）由“共同目标”“相互作用的程度”“在团队中实现的个人追求”“团队精神”“竞争”等变量构成

（3）这些变量可以通过具体的行为参数来显示、测定

或者是下面这样。

（1）“特定商品（非生活必需品）的价值”

（2）由“经济价值”“功能价值”“感官价值”“社会价值”“文化价值”等变量构成

（3）这些变量体现在具体的商品功能中

通过这样的概念，市场营销方面的要求、功能、成分以及材质、设计、品牌等被综合到一起，然后提出视觉化、形态化的原型、能够模拟实验的模型以及操作顺序，从而创造出面向消费者的产品（见图 3-11）。营销战略的概念要求描述“面向谁”“做什么”“如何做”，人事制度、教育计划等亦是如此，与上述过程大同小异。

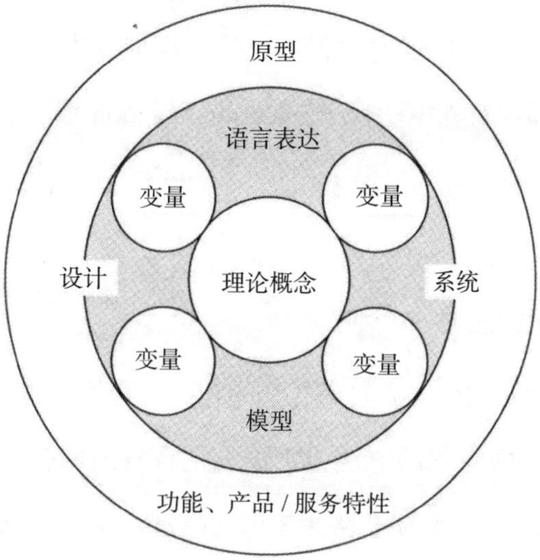

图 3-11 概念的综合

在此我们设定几个出色的概念标准。

- 范围（明确表示以什么为对象，对象的范围、界限在哪里）
- 节约（不浪费，不复杂）
- 预测精度（能够预测实施阶段的状况）
- 解释的正确性（准确传达应该传达的意义）

当然，也不能忘了回归起点，重新审视概念是否囊括了最初的想法和激情。

在此意义上，实践化阶段，知识工作者自身在推动概念具现化的同时，还必须不断提高知识的质量。唐纳德·舍恩参照杜威的思想，将行动与内省两不误的实干家称为“反映的实践者（reflective practitioner）”，其基本态度是通过概念创造现实成果，同时对照概念所具有的或背后隐藏的意义，进一步升华概念，使其在现实中得以呈现。这种方法的核心就是和自己不断对话、内省，即“行动中反映（reflection in action）”。[17]

讲故事的知识

提高传递知识的能力

最后，概念的实践化还需要讲故事的知识，它是传递知识的有效手段。

讲故事是一种内在化的方法，它没有把自身的经验（隐性知识）全部转化为显性知识，而是保留着隐性知识的丰富意义，即结合“场”和状况的相关内容来传递知识。在遥远的古代，人们在发明文字以前都是通过讲故事将知识代代相传的，这不是因为没有文字，而是因为讲故事本身就是一种方法。

现在，在经营与市场营销中，有时人们也会被趣事所吸引，但讲述这种“趣事”的目的大多只是兜售故事的内容本身，或用讲故事的方法进行多媒体演示。我们说的讲故事指的是它本来的作用，即知识工作者讲述他的知识，或倾听客户的讲述，从而在“场”、社区中实现共享，不断传播。它不是在讲过去的成功案例，而是对自身经验（主观事实）的重组。故事由以下几个方面构成。

- 问题的由来
- 自己的看法
- 采取的做法
- 最终的意义

讲故事的专家认为，一个好故事会使用多种技巧，下面是好故事应具备的特点。

- 主题明确
- 精心设计的情节
- 独特的风格——生动的描写、有趣的声音或节奏
- 拟人化
- 忠于事实
- 戏剧性效果
- 适合听众

前世界银行知识管理项目负责人史蒂芬·丹宁把讲故事作为员工之间共享知识的重要方法。为了推动知识共享，他跟据事实讲了一个简单的小故事。[18]1995 年 6 月，赞比亚某个小镇的一位医疗保健工作者浏览了位于

亚特兰大的美国疾病控制与预防中心的网站，从那里了解到如何治疗疟疾。这个故事在当时（20 世纪 90 年代末期）对世界银行的员工产生了巨大刺激，他们已经在使用互联网了，但是面对相隔千里的同事提出的问题时，他们习惯于回答“回头调查一下再告诉你”，这正是因为他们没有形成知识共享的文化。而在故事中那个互联网尚未普及的年代，一个医疗工作者竟然在遥远的国度自力更生找到答案，这个故事在世界银行内部迅速传播开来。员工们认识到，重要的不仅仅是故事的内容，更是讲故事这一行为本身。鉴于此，故事应具有以下特点，而且最关键的是，故事的结局要“皆大欢喜”。

- 连接——与听众具有积极关联的构想，能使听众产生共鸣的主人公的设定等。
- 奇妙——扣人心弦，对听众有吸引力。
- 易于理解——用情感和身体感官表现想要传达的构想，使听众的理解产生新的飞跃。

第六节　面向日常行为

我们讨论的知识的方法是按照原貌理解现象，从中产生假说（概念），然后验证其因果关系（模型、理念等），它不断地在现实中创造概念。这个过程与 SECI 的过程不谋而合，它多元化地看待事物，进行辩证法的综合，把不可见的东西变成可见的知识。知识经过主观和直观处理，成为全社会的共同知识，可以说，这是一条存在论式的概念创造的路子。那么从企业、组织的实际状况、经营现场来看，我们应该如何对它进行定位呢？

下面我们以三得利为打破现状而开发的饮料品牌 BOSS 为例，分析观察、概念化、模型化和实践化的过程，然后通过本田开发奥德赛的案例，说明在概念创造中，在观察阶段获得的个人（知识工作者）的构想、经验以及隐喻、设计、讲故事的知识的重要性。

案例一：三得利的饮料事业[19]

在清凉饮料市场，非超级品牌则无法生存。所谓超级品牌就是单品销售量达到 1 500 万件的商品，三得利现在拥有乌龙茶、BOSS 咖啡、DAKARA 等超级品牌。在这个市场中，品牌的塑造及其背后概念的贯彻是成功的关键。

1990 年，三得利仅仅占有罐装咖啡 4.5% 的市场份额。1991 年，三得利改组，开始了新产品的开发。在此之前，产品开发由品牌经理领导，进行流水作业，所以开发人员之间关系薄弱，三得利无法深入挖掘概念，建立强大的品牌。在新体制下，从初期开始，品牌经理、营销人员、文案人员、设计师以及产品内容研究人员组成团队，动态协作，他们打响的第一枪就是 BOSS。

观察

团队从市场分析着手。1991 年，一天至少喝一瓶饮料的重度消费者占全体消费者的 18%，而他们贡献的饮用量占全部饮用量的 60% 以上，这意味着只要打动了重度消费者，就抓住了整个市场。

于是团队决定彻彻底底地调查研究重度消费者。经过研究，团队发现重度消费者大多数都是在外奔波的业务员、出租车司机、工人、工匠等劳动者，他们或在工作间隙喝咖啡，或在开车时、休息时、抵达公司开始工作前喝咖啡。

通过调查，团队迅速掌握了重度消费者对咖啡的基本要求。例如，因为喝得多，所以要求咖啡“好喝”“喝不腻”；因为是男性承担工作，所以要“有后味儿”，体现“硬汉形象”。不过这些或许只是最基础的要求，其他公司也不是不了解。团队将其称作“表面概念”，而真正的概念存在于内部，光靠表面概念不能理解消费者的心理。三得利曾经以源于自然环境的概念为基础来销售啤酒，结果失败了。于是他们再次返回经营现场，反复观察。通过访谈、一起乘坐货车等，团队与消费者共享了经验，了解到重度消费者都非常热爱工作。似乎与男性气概不同，他们有着单枪匹马的孤独感，正因为孤独，他们努力工作。因此团队提出假说：对重度消费者来说，咖啡是“工作伴侣”，一线劳动者会在寒冷的清晨喝瓶咖啡暖暖身体。

概念化

“工作伴侣”背后是重度消费者与罐装咖啡的接触时间，他们在工作现场大概花 10 分钟时间享受一瓶咖啡，如果一天喝五六瓶，就要花一个小时。这是一个重要发现。另外，还需要关注消费者的心理，针对“认真”“寂寞”

的性格特征，产品要有交流的功能。

团队设定了“男性劳动者的搭档——BOSS 咖啡”这一新罐装咖啡的真正概念，传递出“认真工作是优秀品德，你就是行业内的佼佼者”的信息。

表面概念：“好喝”“喝不腻”“有后味儿”“硬汉形象”

↓

真正的概念：男性劳动者的搭档——BOSS 咖啡

模型化

基于这种想法（真正的概念），商品要反映出重度消费者的人生观，这就是 BOSS 咖啡的风格。如图 3-12 所示，在包装设计上，罐中央是一个蓄着胡须的男人形象，它考虑到了消费者的孤独感；深蓝色的包装是因为体力劳动者喜欢深蓝色的夹克衫，产品包装整体呈现出一种刚健质朴的形象，此时，大家共同认可的 BOSS 咖啡原型完成了。

刚健质朴的设计

图 3-12 BOSS 咖啡的原型

实践化

BOSS 咖啡于 1992 年正式亮相，投入市场，它使三得利的罐装咖啡销量取得了飞跃性增长，并在三年后，即 1995 年发展壮大成销量超 3 100 万件的超级品牌。

在研发 BOSS 咖啡的过程中，反映消费者的人生观成为一种结构。自从第一代 BOSS 咖啡上市以后，随着时代的变迁、意识的变化，三得利又推出了各种版本。罐装咖啡的消费者群体不断扩大，三得利面向工程师、研究人员、编辑等，提高了咖啡因的含量，并追加了健康饮品的概念，Boss Plus One 口味咖啡上市。20 世纪 90 年代后期，三得利推出了 BOSS Seven，中庸的味道加上金色的外包装使其取得了巨大成功。2000 年，BOSS 咖啡共卖出 5 000 万瓶，2002 年，也就是 BOSS 咖啡上市十周年的时候，三得利再次大刀阔斧地创新，推动“男性劳动者的搭档”不断进化。

三得利把这种概念创造方法（所谓的 BOSS 理论）当作一种知识，有效地运用于其他产品中，推出了运动饮料——清凉饮品 DAKARA 低卡零钠水。运动饮料市场长年为宝矿力水特（Pocari Sweat）和水动乐所垄断，但 DAKARA 打开了一个缺口，挤进了便利店的销量榜。

研发 DAKARA 时，三得利同样采取了团体协作的模式和贯彻概念的方针。团队先拿出“让男性劳动者能再加把劲儿的运动饮料”的表面概念，但是一些成员觉得这种表达多少有些冷漠，于是他们走进实际场景，与某快递公司的司机密切接触。他们切实感受到，迫使疲劳的消费者“再加把劲儿”确实会显得冷漠。于是团队另起炉灶，用“母性（Mother）饮料”的隐喻来表达概念，类似于拯救现代人混乱的饮食习惯的“护士”，产品主题也由“代替宝矿力水特、水动乐，补充水分、功能出色、适合现代人味觉的真正的运动饮料”开始向“辛苦的时候，帮助现代人远离不健康、不规律的生活，成为人们能依靠的身体平衡饮料”转变。

关于以上案例必须说明的第一个要点是在实际场景中超越主客境界，直接共享经验，然后在分工协作的团队内部再度共享这种经验，这是组织内外优质的“场”的创造。

第二个要点是把概念分为“表面概念”和“真正的概念”，不止步于浅层的联想或原因的罗列，还要抓住其背后的因果关系，把它转化、发展成产品的模型。

第三个要点是把在研发某一产品时获取的概念创造的知识原型理论化，运用到其他产品的研发中。

案例二：本田“奥德赛”的研发[20]

当年，“奥德赛”的研发统筹负责人小田垣邦道在本田的主页传达出下面这些信息。

- 容纳多位亲朋好友的空间
- 装得下各种用具，能够轻松愉快地出行
- 快乐驾驶，安全，独自开车也很帅气

- 价格公道
- 研发团队的成员很“贪婪”，想要集合所有优点
- 确定的方向包括本田最新的汽车制造理念“生活创造车（Creative Mover）”

奥德赛的研发是一个传奇，它挽救了20世纪90年代初陷入经营窘境的本田，而且研发人员不顾周围的反对，秘密推进研发工作的事情也是众所周知的。在此我们从创造概念的方法论的角度出发，再次了解奥德赛的研发历程。

某一天，正在主持第二代Legend轿车研发工作的小田垣接到通知，技术研究所希望制造一款面向美国市场的体型大一点的商务车[①]，这一计划是美国本田汽车公司总裁雨宫高一的强烈愿望。

小田垣说：“那时，雨宫先生坚信，在美国市场，轿车在明显走下坡路，如果不能制造出高质量的商务车、SUV或吉普车，本田将无法生存下去。”

拿到相关资料的小田垣却把它们全都抛诸脑后，这表明他不为他人想法所束缚的决心。

观察

研发团队立即飞往美国，开始了为期一个月的详尽调查，他们考察了

① Minivan，原意是小型厢式车，国内一般称为商务车或旅行车。——译者注

房车营地、学校、游乐园、购物中心等场所，了解了道路的状态、客户的车库使用方式等，进行了大量的交流，这给他们留下了深刻的印象。

小田垣说：“当时，美国人的价值观正在改变，他们不再只对豪华轿车感兴趣，而更愿意选择自己开着顺手的汽车。我们对这种汽车文化产生了巨大共鸣，更加坚定了本田一定要制造商务车的想法。”亲身感受这股潮流的小田垣在回国后马上拟定了研发策划书，但就在此时，研发正式宣告停止。小田垣怀着造出满足美国市场需求的商务车的信念，与总公司的研发总负责人通了长达40多分钟的电话，但未能说服对方，因为该负责人表示：“我明白存在商务车的需求，但是看看现在日本马路上跑的商务车，虽然很方便，但是重心高，不稳定，外观也土气。况且本田又不是卡车制造商，没有商务车生产线。要生产就要建设新工厂。经济泡沫破裂了，我们力不从心。总之，花钱的项目是行不通的。”

团队成员强烈支持继续研发，因为他们亲眼看到了美国巨大的市场潜能。但另外，为什么小田垣研发统筹负责人的职务没有被解除，停止研发的命令也没有送达呢？自那年年底起，研发团队不声不响地开始了研发工作，而刚刚上任的总裁重新评估了汽车的研发体制，对商务车表现出了极大的兴趣，因此他们的努力得到了默许。

团体成员再次奔赴各式各样的休闲娱乐、体育运动现场，观察人们如何使用汽车，充分倾听了客户的意见。小田垣说：“我们想搞清楚消费者想要的是什么，请他们说出真正的需求。创造出其他途径都得不到的价值才是成功的关键。”

概念化

团队以在美国考察的经验为基础，采纳了日本市场和用户的反馈，着手打造具有前瞻性的、全新的使用方式和概念。根据团队成员间反复进行的禅问答式的本质性讨论，小田垣构思出了新的汽车的形象（即理念），这就是 Creating New Standard。Premium Family Mover 乃至生活创造车的概念由此横空出世，它面向的消费群体是 30 岁到 45 岁之间养育孩子的家庭，这类家庭背负着贷款、教育支出等，这一消费群体生活并不宽裕，但是家庭观念很强，也乐于游玩享受，他们要求汽车日常使用必须很方便，因为妻子也要开车，此外，他们的环保意识、安全意识也很高，所以他们的想法是只买一辆车就能满足所有的需求。总之，消费者对当时的商务车不太满意，希望出现更加经济适用的车型。

团队用“龙骑士”的隐喻把 Premium Family Mover 这一概念具体化，它不只代表家庭平常使用的汽车，还意味着高性能和强动力，而且包含了“车高”“私人飞机（Personal Jet）”的要素。当时本田的一些车型的汽车不好卖，如果此次研发和之前车型的研发采取同样的做法那就完了，而且工厂的条件也很局限，因此研发团队需要兼顾必要性和可行性。

模型化

最困难的部分是创造像飞机那样可以轻松通过的内部空间，毕竟商务车不是大型喷气飞机，但本田的风格就是“私人飞机”，它要囊括时髦的生活方式、三排座椅、紧凑的外观以及堪比轿车的运动性能等。虽然设定了这样的概念，但团队一直无法拿出优美的外观设计，他们甚至无法得到日本经营部门的理解，当时市场上 70% 的单厢式车是柴油车，而且经营部门要求新车型和其他公司一样采用侧滑门的设计，因为本田一直被这种车型所压制。

“在不关注安全和环境的年代，说到汽车或许就是柴油车，但如果说今后真正的家用汽车也是柴油车的话就有点自卖自夸了。新车型的问世将给世界带来改变，我们应该尽早制造出来。我们会用现有的工厂、现有的设备、匹配的零件，花最小的成本，在最短时间内拿出成果，所以请让我们继续下去。”小田垣恳切地告诉公司高层。川本总裁马上表示赞同，但是北美经营部说和美国的商务车相比，尺寸、发动机小一号的车型反响并不好，日本的经营管理人员也因新车型不同于以往的单厢式车型而对其不感兴趣。

有一天，技术研究所专务董事提出建议：“反正先把能开的车造出来。”1991 年 4 月 16 日，20 人的团队制造出了新车的雏形。

实践化

团队用这辆实车开始了对经营部门的游说：“轿车的驾乘感觉，宽敞的车内空间，我们只要想做就能做到，日本也应该引入美国的商务车文化，这种车型必定会成为重新分割国内汽车市场的有力武器。”

历经重重困难，1994 年 10 月 20 日，奥德赛正式亮相（见图 3-13）。据说进行产品研发说明时，小田垣刚说出“我们的团队”几个字，眼泪就情不自禁地流了下来。

图 3-13 本田奥德赛（1994 年 10 月—1999 年 11 月款）

刚开始生产时，每天的产量是 341 辆。此时市场回暖的好兆头还没有显现，生产线的运转率也很低，于是本田加大了投资。奥德赛在公司内部饱受质疑，但在记者和用户那里受到了很高的评价，并把“日本年度风云车特别奖”“RJC 年度车大奖”收入囊中。1997 年 9 月底，第一代奥德赛在发售 36 个月时累计售出超过 30 万辆，打破了本田思域的销售纪录。

“能轻而易举做出来的不会是好东西。我们的团队很明白应该制造什么，也懂得战术方法。有了明确的愿景，加上那个时代助了我们一臂之力，因此渡过了困境。”小田垣如是说。

概念创造及其日常做法

以上案例表明，方法论不是一个个独立的思维方式或技巧。读者朋友们或许擅长其中的某一项，但关键在于自主思考，每天实践。或坚持读书，或与人对话，或在街头观察，这些应该像与已有知识相关的行为一样成为习惯。大家应该不会忘了，皮尔斯说过，信念内化于我们心中的知识，决定着我们的行动。

前面说过，韦伯在解释新教伦理与资本主义的关系时举了富兰克林的例子，他认为富兰克林的价值观催生了资本主义这一意外的结果。这里我们看一下富兰克林的十三项美德。

第一，节制。饭不可吃胀，酒不可喝高。

第二，缄默。于人于己不利的话不谈。避免碎语闲言。

第三，秩序。放东西各归其位，办事情各按其时。

第四，决心。决心去做该做的事情，做就做到心想事成。

第五，节俭。不花于己于人没有好处的闲钱，杜绝浪费。

第六，勤奋。珍惜时光。手里总忙有益之事。剪除一切无谓之举。

第七，诚信。不害人，不欺诈。思想坦荡，公正；说话实事求是。

第八，正义。不损人利己，伤天害理的行为永不沾边，利公利民的应尽义务切勿放手。

第九，中庸。避免走极端。忍让化冤仇。

第十，清洁。身体、衣着、居所，不许不干不净。

第十一，平静。不可为小事、常事或难免之事搅乱了方寸。

第十二，贞洁。少行房事，除非为了身体健康或传宗接代；千万不可搞得头脑昏沉，身体虚弱，或者伤害自己或他人的平静或声誉。

第十三，谦卑。效法耶稣和苏格拉底。

（《富兰克林自传》[①]）

---

① 本杰明·富兰克林著．蒲隆译．富兰克林自传．南京：译林出版社，2012。

富兰克林制作了每天的执行表，把这十三条美德按照顺序排列，检查自己是否践行了每一条，坚持不懈地锤炼自我。他认为应该全神贯注地修炼，把这些美德转化为习惯。富兰克林在年轻的时候奋发向上，克服了自己在性情、交友等方面的缺点，不断精进，归纳出这些美德。在晚年的时候，富兰克林表示，别说他全都做到了，就连接近都谈不上，但同时也指出，如果不这样做就不会幸福。

每天的知识实践与富兰克林在资本主义初期抱有的伦理观是相同的，都是基于我们赖以生存的"知识社会的精神"，虽然不知道它今后会如何发展变化，但现在要做的唯有实践。

关于创造性

上面我们从各个方面讨论了概念创造的技巧，最后必须说一下个人创造性的问题。

众所周知，关于创造性的研究不胜枚举，它们大致可以归纳为以下三种路子。

（1）关于创造者的能力、性格倾向、心理状态等问题。

（2）创造性行为的过程（步骤）、层次的问题（如从日常的创造到伟大的创举）。

（3）引起创造的动机、条件、环境等问题。

由于篇幅所限，我们无法考察所有问题，我们关注的是这些关系背后潜在的动态关联性。在进行知识（概念）创造的实践时，如果想要观察自我，不为周围环境和方法所局限，就必须确立关于自身（每一个个体）创造行为的认识层次。

S. 阿瑞提曾经把人类学、医学、心理学综合起来，从普通人到天才，从艺术到科学、宗教，讨论了所有领域的创造力。[21] 阿瑞提是弗洛伊德理论的研究者，他基本借鉴了弗洛伊德划分的心理结构的三个过程（无意识、前意识、意识），把创造力看作深层心理的解放与由此引发的意识的综合。如图 3-14 所示，一级过程指的是意识无法控制的、未知的、与生俱来的创造冲动，它是意象的世界，与梦境亦有关联。二级过程是考虑现实，产生意识作用的准备阶段。不论天才还是普通人，不管正常与否，都从冲动中解放了出来，此时语言开始介入。语言行为、概念化等都属于这个过程，但这一阶段或许没有统一的表现方式。三级过程是升华、综合的过程，只有到了这一步才称得上真正的创造，它与本书提倡的辩证法的综合在本质上是一致的。有很多东西都没有达到三级过程。

如果以个人的视角来理解知识创造的过程，它就是通过语言化、概念化从潜在层次的隐性知识向显性知识不断发展的螺旋运动过程。如果把它放在集团、组织中，那就成为组织性的知识创造，而个人和组织互相找出看不见的东西，共同进步。

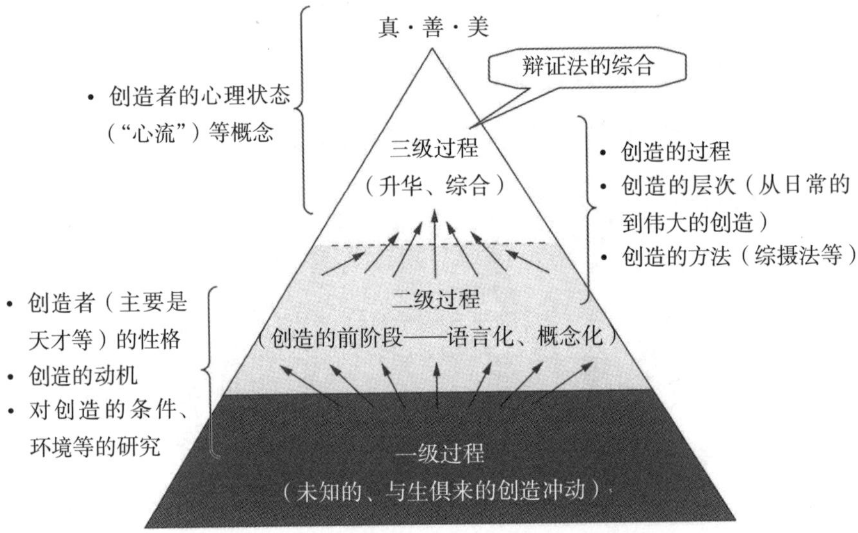

图 3-14　创造性的结构与接近创造性的路径

有关创造性的问题也可以使用这个模型，把问题划分成一级过程到二级过程（创造者的性格、动机、条件、环境等）的领域、二级过程到三级过程（创造的过程、层次、方法等）的领域和三级过程的领域（创造者的心理状态等）。

根据这种观点，威廉·戈登提出一个开发创造潜力的方法——综摄法（Synectics Method）。[22] 综摄法不是个人的创造方法，而是不同领域的研究人员聚集在一起，通过自由讨论解决问题的集体创造，也被称为创造工程学。戈登虽然把集团作为把握个人创造性的工具，认为与无意识相关的艺术是创造性的源泉，但他更加偏重易于评价和把握的科学技术创造。他指出综摄法的创造机制是类比和隐喻，其中类比分为拟人类比、直接类比、象征类比和想象类比四大类，他说：“不使用这些方法，就无法设定并成功解决问题。”这正是由二级过程走向三级过程的方法。

戈登断然舍弃了艺术创造即三级过程的领域，而在三级过程的领域中应该关注上文提到的契克森米哈赖的“心流”的概念。在综合的状态中，抑或在原始的创造性冲动表现为语言，进而升华的状态下，创造者体验的是一种高次元的意识流。契克森米哈赖以艺术家、探险家、运动员等为研究对象，发现了他们全神贯注时最佳体验的意识状态就是“心流”，随后把研究对象的范围扩大到商人、政治家、教育工作者等群体，进一步指出创造型艺术家挑剔傲慢的形象是一种偏见，除了科学、艺术以外，商业、政界和教育领域都存在这种创造性。[23]这可以理解为三级过程的创造不分领域。人们常说“天才不会思考自己是否在创造”，这其实也从一个侧面反映了对艺术家的固有偏见。按照契克森米哈赖的观点，每一个具有创造性的人都在创造自己的创造性人生。他提出以下几个增强创造性的要点。

- 获取创造的能量
- 保持好奇心与专注
- 在日常生活中培养心流
- 保持创造性，形成习惯
- 内化创造的属性、行为等

第四章

知識創造の方法論

经营与知识的方法

第一节　企业的知识原型（组织的知识创造）

面向组织的知识

我们论述了知识工作者通过 SECI 模型以及社会科学的方法来创造概念的方法论。不言而喻，对于知识工作者来说，创造知识不是靠临时抱佛脚，看一看说明书、技术指南就能一蹴而就，它取决于自己的意识与努力。

本书的焦点放在知识工作者个人身上，而另一方面，个人是在与组织的关联中产生知识的，因此也有必要谈一谈作为背景的“场”的组织的知识。把个人各种各样的知识收集起来，汇聚成一个生命体，意味着知识的综合这项工作也属于整个组织的知识创造过程。下面我们从不同于个人的“组织的知识”的角度出发，再次思考如何把组织打造成适合知识创造的场的领导力的问题。

从个人到组织

与个人相同，组织也是通过不断的追问和每天的实践而有意识地积累知识，进而有意识地进行知识创造的，这是极其困难的。首先，必须存在一个把个人的创造性设想作为概念来积极接受的场所；其次，企业面临着日益复杂严峻的社会经济环境，在经营中不得不时常内省，三思而后行，而组织性的内省必须被每一个成员内化在心中；再次，由于个人动机的差异、工作岗位之间的“温差”等因素，用知识激发整个组织的活力的努力有可能徒劳无功。

当今的日本或许可以说陷入知识困境已达十年之久，组织的纽带作用不断减弱，企业人员之间知识的无序状态蔓延滋长。虽然可以借鉴外部环境的经验，但在多如牛毛的信息中筛选出真正适合自己的知识也越来越难。在这种状况下，我们的当务之急是明白自己的知识原型，激活组织的知识创造过程，对企业加以变革。

我们也注意到了“守破离”思维这一具有东方色彩的方法，它能不断磨砺知识。企业中的“守破离”不仅要继承创始人和众多前辈根据经验创造的、为组织所共享的知识的方法论，还得对这种方法论进行创造性的调整，脱离单纯的、传统的否定状态，向着新的、更高层次的方向发展，然后再从创新后的知识回到“守”的原点。这种“守破离”的过程可谓日本独特的辩证法的思维方式，因为“知识的知识”的传统早已深深地扎根于日本文化之中（见图 4-1）。

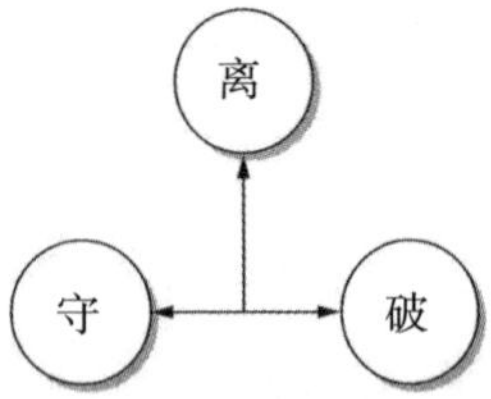

图 4-1　日式经验的知识的辩证法

“守破离”的出发点是组织（企业）对自身知识原型的（再）发现。以下几个例子反映了企业为此进行的各种摸索。

- 2001 年，松下电器通过企业重组放弃了家族经营模式，它没有墨守成规，而是在某些方面以新的视角回归原点。

- 按照出井伸之总裁的说法，索尼是凭借井深大和盛田昭夫二人的才能而成功的公司。虽然二人的精神依然有影响力，但如果一成不变，那就不是索尼了。
- 在研发 CVCC 发动机时，本田宗一郎发现部下已经超越了自己，于是马上引退。

在这个过程中，企业运用知识原型努力钻研，经历艰难困苦，创造新的知识。现在的日本企业家和他们的接班人、一线管理人员等应该在现有的组织知识原型的“破”和“离”上多下功夫，找出属于自己的知识原型。

面向综合的知识

对于组织整体的创造过程来说，既然组织是由两个或两个以上的个人组成的集团，那么组织的综合能力就是第一位的。

光靠把个人能力加和是无法估算出组织所拥有的巨大生命力、凝聚力和纽带作用的。组织作为一个整体要进行知识创造，就必须不断实现由个人到集团、由自己到组织的持续的综合和辩证法的飞跃。

通过统计，涂尔干实际证明了社会整合程度决定个人的不安程度，用“anomie”（意为混乱或反常状态）这个词来表现因社会规范的不稳定而产生的混沌、个人欲望和行为无管制的状态。当今的日本社会也存在 anomie 现象，这在企业组织内部也很常见。因此，组织必须通过前后一致性、化学结合以及辩证法的飞跃等，不断地把所有个体汇聚在一起，为打造组织力量而维持纽带与关联的强度，避免组织陷入知识的 anomie 状态，而使知识创造能力大幅衰退。

前文我们分析了"设想→概念→理论"的知识综合发展的意义，与其相对应，在讨论组织的知识时，我们也需要"个人→集团→组织整体"这种场所扩展中的综合。

综合经营的模式——创造知识资产的经营知识

在知识经营中，个人与集团的知识创造过程产生知识资产，它们与更加具体的经营指标相结合。先进的企业、组织的知识原型在这种模式中能够保持一贯性（见图 4-2）。

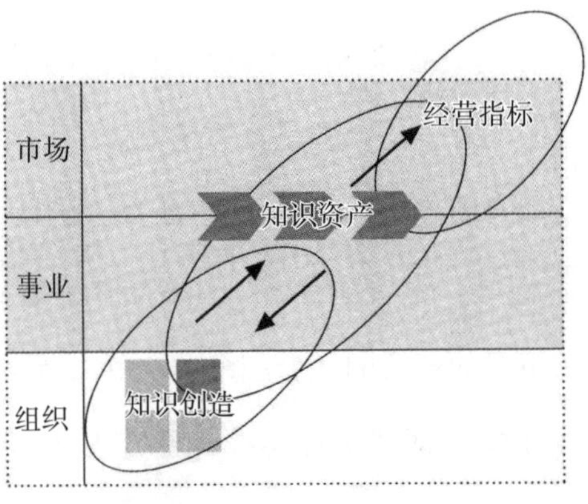

图 4-2 知识经营的模式

下面我们以现实中的企业为例，着眼于企业如何创造出"知识资产"，分析企业层面的知识的方法。如图 4-3 所示，我们以 SECI 模型为基础，根据企业案例划分出若干种模式。

哪个过程与其他公司有所不同？

知识管理是构建“人无我有”的强大的知识创造机制

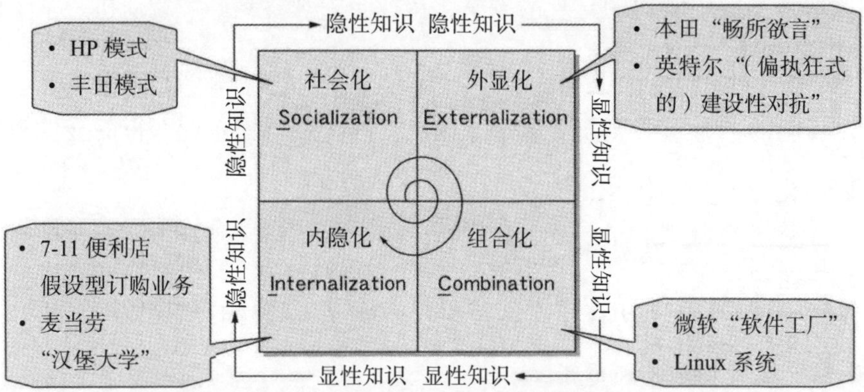

图 4-3　SECI 模型与企业的知识能力

源自经验的知识资产创造

各式各样的知识当中也存在通过身体和感官直接地、瞬间地获得的知识，即经验的知识，根据经验创造出知识资产就是第一种模式，这种模式把经验看作重要的知识资产，运用这种模式的企业会能动地维持、激活和应用经验。它不同于单纯的经验主义、现场主义，而是相对把握经验的知识的现象学方法。

从 SECI 的过程来看，这种经验与社会化和内隐化密切相关，而且“场”也承担了重要作用。

经验是通过共享企业成员之间、与客户交往时的经验而无意识地、默默地掌握的隐性知识，它不太好用语言来描述，和原理性、规律性的知识相比，它更富有现场性，是一种直观的灵感，接近于体验性的信念。经验的知识有很多具体的形态，如专家的熟练技能、在特定技术领域的经验、在与客户交往中获得的直观的洞察、从社会中观察到的敏锐商机、基于创业者个人的价值观的哲学等。

经验的一个重要侧面是通过企业员工的实践，把企业获得的显性知识不断内化为个人的隐性知识。

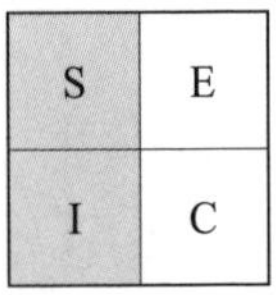

案例一：丰田

丰田汽车在经年累月中形成了经验的知识原型，并有意识地不断更新。

丰田准时生产[①]的生产管理手段看起来像是系统性的显性知识，但是丰田自己注意到，实际上支持准时生产的知识基础是在后台驱动系统运转的生产一线的隐性知识。丰田汽车董事长奥田硕说过："人类的智慧分为隐性知识和显性知识，隐性知识是一种匠人的诀窍，无法把它变成说明书，而显性知识可以用文字描述、说明。利用信息技术等把人类的智慧转换成计算机技术的方法不断增多，但它终究不能完全替代人，隐性知识 = 诀窍是人类最后的坚固阵地。"这是对支撑系统性知识的隐性诀窍和人类创造性的清晰认识。"Toyota Way 2001"总结了丰田的企业理念，也强调了隐性知识的重要性。

有的美国企业把丰田的"看板管理"（图表明示法）翻译成精益生产（Lean Production），它们最近也开始注重起了隐性知识。例如美国版的全面

① 准时生产，即准时制生产方式（Just In Time，简称 JIT），指一种在多品种、小批量混合生产条件下高质量、低消耗的生产方式。——编者注

质量管理（TQM）——六西格玛（Six Sigma）的提倡者们也发现，如果没有来自共同体式的经验的隐性知识，企业就无法良好地运转。

准时生产虽然是工厂生产管理的方法论，但它不是按照某种原理在最初就被规定好的，而是生产线上的劳动者、管理者们在实践中把最基本的思考方法一点一滴汇聚起来的经验性知识的综合体。它是通过熟练工人的实践和钻研、分包人员的干劲、工厂管理者的改进方案等在背后积累的习惯、常识和惯例（组织经验）。

进入 20 世纪 90 年代后，丰田的高层被所谓的大企业病所困扰，他们频繁提出“回归产品制造原点”的口号，非常具有象征意义。1993 年年初，时任总裁的丰田达郎表示：“生产制造的魅力不正在于使手中的材料成型的满足感、对于制造出产品的自豪感以及客户使用产品为我们带来的喜悦感吗？”向满足、自豪和喜悦的回归意味着暂且悬搁僵化守旧的企业经营模式，回归产生知识的原点的体验、经验中去。“回归产品制造原点”这句话如实地表现了准时生产所培养的丰田式回归经验知识、体验知识的态度，蕴含了经验的知识原型，它不是单纯的产品至上理念，丰田把它当作基于现场经验的坚持不懈的内省，也就是说观察现场事件的原貌，反复追问为什么会出现这种情况。这种自上而下回归原点的运动成为“21 世纪的汽车应该是什么样的”这一课题，随后影响到油电混动车、普锐斯、威驰等产品的研发制造。

负责混动汽车、普锐斯的研发工作的内山田竹志通过“同步工程（Simultaneous Engineering，SE）”这一概念来推进工作，同步工程指的是从设计和研发阶段开始，技术、制造等多个生产部门同步作业，参与策划，缩短研发周期，降低成本，这可谓技术和研发阶段的准时生产方法。同步工程本身不是一个新概念，它已经扎根于丰田汽车研发的历史中。但是内山田使它超越了单纯的意见交换和信息共享，在团队内部组建了掌握全部车辆设计与制造的跨职能“自我完成型团队”，形成了新的知识创造的场所。这种对经验的知识的二次加工使谨小慎微、如履薄冰的丰田实现了实验性的、领先的创造。

来自对话的知识资产创造

通过对话的语言表达，即体验、经验的语言，引起的重构，人们能够明确表达自己的理想、理念并对此负责，通过与他人的交流来更正自己的知识。针对经验那样的知识，我们把重视来自语言的外显化过程的知识资产创造称作“对话的知识的经营”。

语言是表达意志的手段，未形成语言的模糊想法只有用语言表达出来才能成为明确的设想和概念。

对于经验和体验来说，与客户的对话以及同事之间的聊天也是非常重要的影响因素。而在对话的知识原型中，语言所拥有的表达意义的力量、沟通思想的作用、说服力、逻辑性和记录性将进一步显现出来。

S	E
I	C

案例二：本田

提倡“三现主义”（现场、现实、现物）理念的本田是日式经营的杰出代表，本田的独创性正体现在它对超越单纯的经验主义、现场主义的理念的追求以及对追求本质的挑战上，它使本田的知识原型在世界上独树一帜。

当初，由天才的领导者本田宗一郎支撑的本田的研发力量因本田 1300（H1300）的失败而转变为群策群力、集思广益的项目团队。本田 1300 是根据本田宗一郎的独创性制造出的产品（大马力空冷发动机，前轮驱动），不过由于这款车个性色彩过于浓厚，人气骤降，仅两年就停产了。但是之后的研发团队继承了本田宗一郎“观察现场”的教诲，从社会化的过程出发，在不同地区亲眼观察、亲身体验用户的使用方式及生活场景，从中发现潜在的需求。

本田的基本理念被称作“相互尊重”，本田宗一郎重视平等，工厂职员和研发人员不分上下级，全员穿着统一设计的白色工作服，这成为传统。大家都管本田宗一郎叫“老爷子”，他时常参加讨论，在现场给予员工直接的鼓舞。在讨论的时候，员工也不分等级，自由讨论，形成“畅所欲言”“抛砖引玉”的惯例。全体研发人员根据长期的工作把各自感受毫无保留地分享出来，这种叫作“闭关”的交流方法也是本田的特色之一。在热烈的讨论现场，大家提出并回答“这么做的目的是什么”“用什么概念”“具体方法是什么”等问题，迷惑的感觉和临时的想法都被清除，反复进行的是彻底的本质探索。“绝对不要模仿别人。”本田宗一郎的话也表明了崇高的目标和对原创性的追求，对它来说，本质探索必不可少。“拥有梦想吗”“制订计划了吗”“尝试做了吗”，这些话反映的理念、理想的验证工作也通过讨论得以实现，这使本田形成了真正创造独创性产品的“对话的磁场”。

20 世纪 90 年代，奥德赛引领了商务车的热潮，按照奥德赛的研发负责人小田垣邦道的说法，他们在研发过程中完全抛弃了过去的研发资料，选择一切从零开始。“绝对不要模仿别人”的教导扎根在员工的意识中，这是本田独特性、创新性风气的真实写照。团队成员从远赴美国的小田垣那里获取了各种信息，不断追问这些信息背后所隐藏的原因即“本质是什么”。可以说本田的三现主义不是单纯的现场主义，而是追寻理念的实践。

除此之外，本田还通过把隐性知识外显化的方法，即隐喻，积极地进行车身设计。有一件陈年旧事，曾经风靡一时的“球形”本田思迪[①]就是以“砰砰地膨胀的足球”的隐喻为线索设计制造的。通过隐喻、观察等方式无限接近普遍性，这是柏拉图式的对话精神，也正是本田企业文化中的知识原型。

S	E
I	C

案例三：英特尔

对话的知识最典型的例子来自全球最大的半导体公司英特尔。以项目管理为代表，英特尔把“建设性对抗（Constructive Confrontation）”作为企业知识的根本。“建设性对抗”为英特尔的知识工作者所共享，上司部下一视同仁，谁都可以攻击对方想法中的弱点，并提出建设性意见，这种行为是被积极鼓励的，已经成为英特尔的企业文化。这样的对立和否定实际上有助于危机管理和质量提升，通过对话，未经检验的知识和产品无法进入市场。“建设性对抗”由若干步骤组成，

① City，国内现在称为“锋范”。——译者注

拥有明确的规则和输出的方法。

奔腾Ⅱ处理器上市后被发现存在严重缺陷，英特尔因此经历了一次生死危机。在半导体行业，产品技术和知识哪怕出现一点点错误都会给企业造成重大影响，正因如此，对话的交锋是不可或缺的。

英特尔总裁安迪·格鲁夫的金句“只有偏执狂才能生存”广为人知，它代表了彻底的对话背后的企业文化。“偏执狂”是一个贬义词，但也表现出了生存在弱肉强食的时代的企业坚韧不拔的品质。问题的关键在于能否敏锐地察觉变化并改变方向，同时保持自身的一贯性。“建设性对抗”所引起的公司内部的激烈竞争培育了动物本能的感受，这就是对变化的敏感度。面临客户流失、竞争落败的风险，自身产品发展完善的要求，以及其他公司的产品造成的威胁等种种状况，只有偏执的企业才能最终获得成功。

来自系统性的知识资产创造

这是系统性地、有组织地推进知识资产的创造和共享过程的方法。

如果用SECI过程来说，它不是哪个特定的过程，而是把四种模式作为对象，用规定的知识创造的方法对设想和概念进行分类、加工、组合、编辑的过程或产品开发过程。

要重视基于笛卡儿式的明晰合理的知识结合的理论构建，战略性商品开发，市场营销与开拓，以及根据对销售和客户的跟踪调查展开的实验、验证、淘汰过程。

正如詹姆斯所说的“真理由有用性决定”，大脑里思考的理论、原理、原则必须经过有用性的检验。总之，系统性知识的经营最直观地体现了“假设、实验、验证”的近代科学的合理主义。

S	E
I	C

案例四：微软

系统性的知识资产创造的代表企业是微软。

微软在20世纪80年代初凭借销售国际商业机器公司（IBM）的PC机的操作系统DOS和MS-DOS确立了现在的绝对地位。MS-DOS不久后发展成Windows，在20世纪90年代风靡全球。在后来的二十年里，软件行业取得了天翻地覆的改变，而微软在风云激荡的生存竞争中笑到了最后，成为最大的赢家。

但是MS-DOS原本是其他公司开发的系统，谈不上是微软的原创，而且Windows的基本功能也不是新东西，它模仿了麦金塔电脑（Macintosh，简称Mac）的图形用户界面（GUI）。软件业被称作dog year行业，即“人间一年，狗长七岁”，它的变化与技术革新日新月异，谁都无法拥有压倒性的技术实力，即便有时拥有，也暗藏了瞬间就丧失价值的危险。

那么微软的强大到底体现在什么地方呢？那就是适时地、有意识地创造、获取一种机制，这种机制促使以软件标准化为目的的研发、市场营销战略和软件不断进步，从而实现企业的持续发展。

在商品研发的核心过程中，微软的团队保持独立自主，对设计、开发、制造、测试等每一个环节都竭尽全力，逐步地、持续地实施“原型化”战略。如果市场中充满了新的未知因素，就不必追求最终完成品，而要把各个研发阶段暂定的原型收集起来，这就是行之有效的系统性的知识创造，在市场化以后还应该通过改进版本不断推动原型的进化。总之，微软裹挟着用户群体，像人类进化那样使操作系统日趋完善，暂定地、逐步地、持续地构建进化系统式的知识，这可谓原型化的战术性技术操作，它与明确的产品愿景战略相对应。

创造和效率这两个相反的模式的有效转换被比尔·盖茨称作“软件工厂”，它也是微软的特点之一，源自从施乐公司跳槽到微软的程序员查尔斯·西蒙尼所提倡的“元编程”理念，这是一种项目管理方法，类似于橄榄球比赛中的攻防转换、选手个人承担具体任务的体系。

此外，没有压倒性技术实力的微软之所以能够成为行业巨头，是因为它以硅谷为中心，广聚分散在各处的知识和英才，提高了企业的知识处理和产出能力。

来自创造性日常的知识资产创造

在工作现场，在与客户的日常接触中，反复地创造知识资产，这是我们关注的经营模式之一。

用 SECI 过程来说，就是把重点放在内隐化上，着眼于知识资产的创造，通过现场的日常工作，分析数据、销售额等指标代表的意义，掌握采取下一步行动的能力。

说到系统性知识，假设、验证的逻辑发展、原型化的进化之路是一步一步地不断前进，而“创造性日常”的经营知识以现场层面的知识能力为基础，在日常实践中反省意外的结果，或进行有意识的实践。

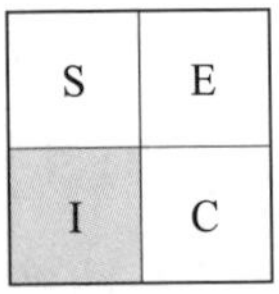

案例五：7–11 便利店

在（日本）7-11 便利店，最先进的商品信息系统（以 POS 系统[①]为代表）和完善 IT 信息的人员网络建设调动所有系统性知识，朝着“站在顾客的立场上思考”的根本理念不断迈进。

7-11 始终坚持“贯彻基本”和“应对变化”两大原则。前者指不论总部还是加盟店都要贯彻“站在消费者立场上思考”的态度，鼓励员工保持这种意识。“着装整洁”“不挽袖子”“不盘腿”“叫部下的名字也要用敬称”，从诸如此类的日常工作细节开始养成回归基本的习惯。在门店里打扫卫生时也要面向门店入口，不能背对顾客或挡住去路。“贯彻基本”是“应对变化”的前提。

“应对变化”的意思是为了不断满足瞬息万变的消费者的需求，必须对组织进行持续的革新。7-11 总裁铃木敏文说：“不是说现在工作很顺利或者当前利润丰厚就是好的，即便现在利润很大，如果销售额不增长，或者损失增加了，那就表明我们已经无法应对时代的变化了。但是我们容易陷入误区，认为我们过去就是靠这种做法成功的，那么它就是对的，因此很难改变工作方法。而时代无时无刻不在发生变化。”

重视数据、重视效率的机械系统本身存在局限性，如果过度看重效率，在备货时排除滞销商品，那就与创造有魅力的卖场的理念产生了矛盾。POS

① POS 系统即销售时点信息系统，是指通过自动读取设备（如收银机）在销售商品时直接读取商品销售信息（如商品名、单价、销售数量、销售时间、销售店铺、购买顾客等），并通过通信网络和计算机系统传送至有关部门进行分析加工以提高经营效率的系统。——译者注

系统只会排除滞销商品，而人能发现畅销货，信息技术带来的高效率引起紧缩均衡，无法满足消费者的高层次需求。

完善POS系统的另一种强大力量就是人类的假设验证能力。只有人类才能创建假说，进而制造出未来的畅销商品。7-11的商品开发组织叫作团队MD（Managing Director），团队们由生产商、批发商和7-11的员工共同构成，平均每八家店铺委派一个商业终端指导顾问（Operation Field Counselor，OFC）来负责运营现场的指导。包括店铺老板甚至小时工在内，7-11鼓励所有人都积极提出假设，例如“附近的小学要开运动会了，油炸豆腐寿司应该会卖得不错”“快到雨季了，多订购一些透明雨伞吧”。

铃木总裁说过：“提出一个假设，如果它在逻辑上说得通，即便失败了也没有关系。”或许只有不惧失败、坚持不懈地做假设验证，才能在使用POS系统时创建有意义的发现和新的商品开发系统。

“每一天光临店里的顾客都是不同的，即便是同一位顾客，他的心理状态、经济状况也会因时而异，因此我们应该认为每一天来的都是新顾客。”这句话也表明了对细微变化的捕捉和基于假设验证的无止境的创新，根据这些，假设经过商品订购的实施阶段，产生了POS系统验证后的结果。将苦思冥想出的假设放在市场中进行检验，发现畅销货的经验就融入了血肉之中。一方面，人类的力量能够弥补POS系统的不足，另一方面，POS系统可以推动人类力量的发展进化，这种机器与人类的辩证关系牢固地建立起来，有力地推动了商品开发与高效订购的知识创造过程的发展。

7-11的系统性知识概括起来就是重视现场、重视顾客的“贯彻基本”，以及通过日常观察和持续革新，对独自的假设验证体系的高效运转倾注全部精力的态度。

第二节 知识·领导力

引领知识革新的领导

综上所述，对于企业来说，建设旨在发掘创造知识资产的综合能力的机制才是当前最大的价值源泉。在企业面向知识经营所做的各种努力中，知识共享和创造的“场”的形成与有效利用至关重要。换言之，作为知识催化剂的人才是否跨越了组织壁垒进行相互交流，他们是否自律地保持对话，是否与客户和伙伴共同创造知识，这背后其实体现了组织的知识行为方式和知识能力。只要不以这种观点来有效利用信息技术，它就无法真正发挥效果。因此，我们强烈地感受到了新型领导力的必要性。

上文已经讲过，在遍布知识工作者的时代，现场的每一个个体的积极态度对知识的生产率做出了巨大贡献。从这一点来看，为企业带来优势的竞争与成长的原动力已经不在于官僚制和处于等级制度顶点的传统战略部门，而来自特定的团体、通过公司内外的私人关系形成的最高经营者之间的圈子，以及项目团队、现场等。这些既不是从功能上划分的组织单位，也不是单纯的扁平化组织，而是有机地推动知识创造、共享、利用的基础性组织（如由超文本型组织就是项目型组织、业务流程组织、知识共享支持组织所组成的创造性与效率性并重的多层次组织）。在这类组织中，与客户接触时同步行动的团队及其成员发挥的作用越来越重要。

现在出现了一种企业，它进一步发展了这种知识经营的方法，把知识的获得与创造定位成企业经营的根本，凭借知识对经营进行革新，IBM 就是一个典型例子。

IBM 在 20 世纪 90 年代从硬件经销商转型为强大的服务系统企业。现在 IBM 五成以上的销售额都来自软件、服务、咨询、外包，这些业务的销售规模、增长率超过了硬件。

20 世纪 90 年代初，IBM 不得不进行大规模的企业重组和裁员，但是在 CEO 路易斯·郭士纳的带领下，IBM 的业态从硬件制造转变为以提供软件、服务为主体，为客户提供问题的解决方案，重现了当年的辉煌。郭士纳曾经说："我们通过知识管理的概念建立了整个 IBM。"[1] 这表明 IBM 完成了向知识企业的脱胎换骨。他在自己的新书中也写道："我坚信，对于 IBM 来说，整合产品、技术和知识的能力是唯一可持续的竞争上的优越性。"[2]

解决方案业务必须积累关于客户的业务知识，提供更高层次的知识服务，构建一个能够最大限度提高该企业价值的商业模式。IBM 为了向客户导向转变，从不同层面进行了知识问题的改革。

- 设立客户导向的服务部门（IBM 的全球服务）。
- 从区域型组织结构转变为基于不同服务对象产业的矩阵型组织

结构。

- 销售负责人不是被动地接受订单，而要为客户提供解决方案，建立学习型组织。
- 为每个项目配备专业人才团队，按照规定的交货日期和预算推进项目，并传授这种项目管理方法的诀窍。
- 把资源从普通消费者向企业业务集中。

在知识时代，能否从知识的角度出发，彻底革新，形成“场”的组织、人事、教育、信息技术以及工作场所，成为企业经营中的终极课题，但是很遗憾，大部分日本企业都没有认真地着手研究这项课题。美国一位社会学家指出，由于技术专家教育制度不完善，日本经济暂时不会复苏。“IT 革命”已成为流行词汇，但其实质还是组织和人才方面的革新，这正和领导力问题，特别是领导力培养密切相关。富士通、松下电器、日立等企业以知识为切入点，开展了下一代的领导力教育项目。

富士通董事长秋草直之说过：“这十年来确立了以知识和信息为主体的新的网络时代的经营模式”“(互相帮助的)‘长屋经营’适合日本企业”。[3]“长屋经营”表现出对僵化组织的筒仓文化的挑战和开放共享组织的“睦邻友好”①。由于大型主机业务时代的成就感、组织的膨胀和僵化、向解决方案模式的转型迟缓等问题，富士通饱受苦恼。它以知识为切入点，尝试进行自我改革。秋草董事长设立了全球知识协会（KGI），开启了培养下一代领

① 长屋是隔成数户的长条形房子，筒仓文化指的是封闭的、各自为政的企业文化。——译者注

导的实践教育项目。以此为雏形，其他公司随后也进行了同样的尝试。这一项目的特点是不仅培养领导力，还建立了“企业的知识源泉是知识工作者”的认识。

创造知识附加值的领导力

四种哲学价值与领导力的理念类型

新型领导力的作用是理解知识工作者并实现两个“最大化”，即把知识工作者创造出的内部价值最大化，和利用知识经济的机制促进企业内部的知识经营活动，也就是外部价值最大化。其中包括理解“全球化财务意识、市场价值与自身经营成果的关联性、品牌”等无形资产和知识资产，把它们转化成经济价值，保护并培育有价值的设想等容易受到打击的对象，不过最根本的问题还是基于何种哲学把知识与经济价值联系在一起，如柏拉图的真善美理念，笛卡儿来自清楚明晰精神的物质、经验世界的理性解释，杜威的经验证明观念的有用性，西田几多郎的发现超越自我的普遍性。

如果把这四种哲学价值运用到企业的知识资产中会产生什么效果呢？它会为我们提供经营的知识的四个方向，也就是四种模式的领导力。

柏拉图式的领导力→经营理念、盈利前公司的存在意义、从失败中学习的思维（积极面对并战胜困境）、经营美学

柏拉图式的领导力通过提出理念、理想、积极对待困境而发现问题，追求问题的本质，让企业成员自问自答“为什么”。

笛卡儿式的领导力→分析性战略规划、最佳实践

笛卡儿式的领导力支持把作为企业生命线的盈亏情况清楚明确地告知企业成员，鼓励有逻辑的、理性的思维方式，培养最佳实践以及将最佳实践理论化的能力。

杜威式的领导力→说明手册化、在内省的实践中磨炼知识

杜威式的领导力指的是自己率先实践，为下属提供示范，创造下属易于实践的环境，创造传授理论与技巧的场所等。

西田几多郎式的领导力→重视匠人的熟练知识、现场知识

西田几多郎式的领导力指的是在关联性中认识自我，强调感情、连带感，重视团队精神和现场，形成生理、感情层面而非语言层面的交流沟通。

当然，这些都是"理念类型"，其意义不在于对现实中的领导和读者进行分类，重要的是通过这些理念类型的组合，形成适合自己的动态模式。

场的领导力

如果强调个人、团队或社区等场所，那么就需要一个替代传统"战略规划↔功能型组织"关系（组合）的新型经营模式。本书对此不做深入讨论，但本书已经明确指出了以往重视战略规划的管理方法存在功能缺陷，例如，基于中长期经营规划的经营模式越来越难以为继。组织不是业务、信息的处理器，而应该是蕴含着知识的创造的场所。这也意味着我们要关

注企业组织中“场”的理想状态。

场的领导力如图 4-4 所示，在以稳定的市场为前提的经营体系发挥作用的时代，企业高层和中层经理即便没有意识到“场”的重要性，也能根据经验来行动。但是现在已经进入了必须创造、激活创造性场所的时代，极端地说，新型战略部门的任务不再是制订详细的规划，而是建立一个场所，方便员工在现场迅速拿出方案并执行。在那里，组织中的每一个知识工作者共同接受知识创造的训练，然后自我选择、自律地行动，这样的机制就成为基础。通过指导个人与团队，整体效果与生产率得以提高。

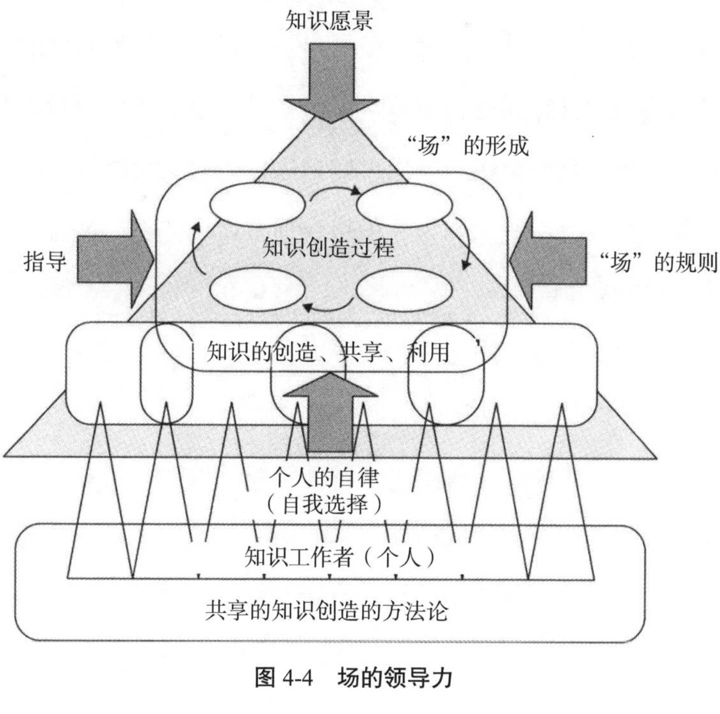

图 4-4　场的领导力

如果想要激活组织的团队、个人或者参与外部合作的员工的内在经验，即知识创造过程，只靠制订规划、指派任务是不够的。产生知识的“场”，也就是组织及组织文化、组织的风气、创造“场”的设计成为知识创造企业需要面对的课题，它必须建立在更加广阔的社会及市场愿景的基础上，这也是战略部门的另一个新任务。不过这个愿景不只属于企业自身，它是企业与社会、社区或利益伙伴共同创造出来的。

哈佛商学院的约翰·科特教授指出特定的企业文化与经营业绩之间存在相关关系。[4]特定的企业文化指的是强力型、策略合理型、灵活适应型这三种类型的企业文化，换言之，灵活适应环境的变化并积极采取相应策略的强有力的企业文化能够对经营业绩做出重要贡献。如果当前的企业文化不适合经营活动，就必须进行变革，因为如果企业文化出现封闭倾向，就会给经营业绩带来负面影响。我们可以把这种企业文化的特性解读为组织的知识问题，即强力型组织知识、策略合理型组织知识、灵活适应型组织知识或停滞的组织知识。

在企业文化的变革与强化中，领导力的重要性不言而喻。不过使领导力发挥作用的基础是组织共享的语境，即“场”，也就是说，优秀的领导不是凭借“大嗓门”或强硬的决策力来推动组织发展，而是对组织知识资产的语境施加影响，将其激活或转化。形成语境的基础来自企业文化的产生和发展的背景，领导的任务是重新组合这些要素。那么第一项工作就是明确什么是企业的知识核心，只有核心知识明确了、被大家共享了的时候，我们才算拥有了高效的领导力。

此外，创造和激活每一个“场”都需要领导力，简单来说就是引导者、知识生产者或知识经纪人的能力，但是其核心是以企业的知识原型为前提来推动知识创造的“此时此地”的知识。我们所处的环境时刻充满矛盾，那么领导力的核心不仅仅是把矛盾形式化，分析矛盾并从逻辑上得出结论，而是通过对话进行辩证法的综合。换言之，领导力鼓励矛盾的存在，同时会从矛盾中不断找出新的方向和概念，这就是“场”的创造方法。

知识创造的方法：场

（1）原始场（Originating Ba，社会化——获取、共享隐性知识的场所）

- 对于不同意见的感性理解与平衡
- 积极把握经验创造的机会
- 与客户对话，站在对方的立场上
- 以谦虚的态度向客户、前辈、同僚、部下学习，抓住本质
- 发现看不见的东西
- 设想的大小、力度取决于自身的状态
- 影子练习（跟随老手学习）
- 收集素材
- 眼不见则不信

（2）对话场（Dialoging Ba，外显化——由隐性知识产生显性知识的场所）

- 既是“场”的构成者又是观察者

- 自身对“场”施加影响
- 提取出语境，显示新的、现实的模型
- 视觉化，显示差异
- 创造共同参与的“场”
- 使用概念创造的方法（隐喻）
- 使用视觉语言
- 不能只从一个方面看问题
- 追问对象的起源

（3）系统场（Systemizing Ba，组合化——组合显性知识的场所）

- 创造状态
- 把提出的设想作为系统而不是对象
- 模型的适用
- 大处着眼，小处着手
- 超越组织层面的行动

（4）实践场（Exercising Ba，内隐化——通过实践，把显性知识内化的场所）

- 不走回头路
- 螺旋上升
- 反复进行实际行动和思考的行为模式

- 行为、反省、超越
- 做备用方案以应对反对意见
- 不说“做不到”

佳能的高层带头打造了知识共享和创造的场所，通过日常的场所实现了知识的总动员。高层人员必须兼任公司重要项目的领导，各部门职员每天早上七点半上班，八点到会议室集合，参加晨会，就重要的战略问题进行讨论。[5]每天面对面的场所推动了员工之间隐性知识的共享，矛盾也在这个场所中以对话的方式得以解决。

御手洗富士夫董事长说：“企业经营者必须坚持现场主义，如果不理解现场的问题，就算做出指示也没有说服力，员工也不会行动。”有人认为佳能采取自上而下的经营模式，对此他表示：“我从来不说不负责任的话，我努力地、自主地思索，然后事先征求大家的意见，所以很少有人反对。”也就是说，要深刻认识现实，充分思考概括其本质的词汇（概念）。而且佳能创造的“场”能动地容纳了矛盾，虽然是自上而下做出的决定，但决定的想法和愿景是大家所共有的。

晨会大约一个小时，结束后员工回到各自的工作现场，这样，一线员工与高层能够迅速共享各种问题与矛盾，高层的参与也加快了实践的进程。有些问题在逻辑上是矛盾的，可是一旦付诸实践，情况就会发生变化，矛盾就被解决了。如果每个人在现场把公司的课题融入项目中，他们就会有意识地思考问题，知识将不断涌现出来，那里蕴含了 SECI 模型高速运转的场所。

作为来自高层的场的领导力先驱之一，卫材制药试图在生存环境严峻的制药行业中“去日本化”，率先在美国食品药品监督管理局（FDA）获得了阿尔茨海默病的新药“安理申（盐酸多奈哌齐片）”的生产许可，这也反映了卫材制药创造性知识经营的一个侧面。内藤晴夫总裁于1988年就任，彼时公司正面临着大环境的变化，他问全体员工：“世界正在改变，你们能跟得上吗？”这就是在激发“场”的作用。于是“卫材创新”的企业改革拉开了序幕，内藤晴夫宣布了卫材的理念：“考虑患者与家属的喜怒哀乐，以提高他们的福祉为首要任务，满足全人类健康护理的多样性需求。”“卫材创新”被概括为“人类健康护理（human health care）”的概念，人们把它称作hhc运动。

在hhc运动的第一阶段，内藤董事长从全公司亲自挑选了13名员工，把他们培养成知识生产者。在第二阶段，全体员工根据hhc的概念开启了74个相关项目。卫材于1997年设立了专门负责知识管理的“知创部”，通过研修内部网站上的“知识广场”普及知识创造的思维，对知识创造的实际状态进行问卷调查，推进知识工作者的培养计划。卫材基于高层持有的绝对价值反复检验SECI模型，最终把SECI模型转化为自身的原型。

知识经营的领导力是对知识创造及利用的场所施加影响，与员工共享高层的愿景，在现场激活知识，促进交流与对话，佳能的晨会就是一个很好的例子。被称作中层经理、团队负责人的现场领导应该对知识经营活动保持潜在的、较强的意识，如卫材的知识生产者。这里所说的“领导”不是传统意义上的“经理”，“经理”的组成要素是管理、分析、效率、结构等，而构成“领导”的要素是触媒、创造、价值、愿景等，所以一言堂式的、贵族精英型的、爱出风头的领导难以维持组织运营。

最近人们所关注的“教练”也反映了二者之间的差异。教练型领导能够在现场推动知识创造的进程，即实时的“场”的领导。此外，高层领导应该把整个组织当作“场”的聚合体，以全球化视野引领组织发展。这样的人类组织观当然会为企业的战略思维方式提供新的视角。

场的领导力不是妥善地维持“场”，而是能动地创造“场”，在自己与“场”之间构建一个知识的生态系统（ecosystem），这超越了组织内外的界线，是激发知识生命力的“场建设”。

人类观的基础作用

归根结底，对于组织的知识来说最根本的问题是高层或组织共有的人类观，这当然是一个哲学问题。金井寿宏的一系列研究[6]部分反映了以哲学的人类观为中心的领导力理论，但是以往人们研究人类观时常常把它当作组织管理系统的理论前提，反倒是人类行为模式的意义更强一些，譬如以“管理者”和“被管理者”的关系为前提，领导力理论把焦点放在囊括了这种权力结构的技巧上。上文所说的场的领导力是不存在等级制度的知识工作者组织的领导力，领导的哲学（人类观）原封不动地反映到“场”和知识的原型中，因此，不论是基于何种哲学，企业经营者都需要具备根植于自我的哲学的人类观。像这样，企业组织所共有的人类观投射到不同层次的制度上，形成“场”，成为当前乃至未来知识创造与利用的温床。

不过人类观也是从领导的个人存在中衍生出来的，因此它也充满了矛盾，我们从下面一段话中也能窥知一二。

人类就像巨大的矛盾集合体，美与丑，正与邪，善与恶，乐观与悲观，野蛮与理性，勤勉与懒惰，理想与现实，同时拥有它们的正是人类，我们不能全盘否定这一点。关键问题是如何深入理解人类的这种特质，调和各种矛盾。（略）人性的魅力一言难尽，或许只有以自己的方式消化并解决人性中的矛盾的人才能把握吧。

（饭塚昭男《领导的研究——如何识人》）

迄今为止，有不少企业和经营者都因沉溺于理想主义，忽视实用性而遭遇滑铁卢。人类观本身因企业经营者、现场领导的个人资质和思维方式的不同而千差万别，但说到底不能抛弃现实和实用主义。知识时代的经营要追求真善美，不然无法吸引知识工作者。资生堂第三代掌门福原义春对此发表过他的意见。

“我认为，与其说经营是一门学问，不如说经营本身是鲜活的东西。即便存在普遍理论，实际的行动也是由瞬间的判断决定的，这种直观的判断背后少不了经营者结实的哲学脊梁与坚持不懈的努力。所以对我来说不存在最终的完成，只有逐步深入不同领域，为了完成而不断学习的过程。”

（福原义春《立身社会的公司人》）

实用主义是20世纪的经营，即以美国为中心的经营的根基，是重视结果的有效性的实践论的思维方式。但是过犹不及，如果过度追求利益，则很可能忽视伦理，最近美国的企业经营就出现了类似的问题。在本书中，我们研究了杜威，杜威自身在肯定实验和实践利益的同时也指出它们是开创未知领域的手段，所以实用主义也蕴含了理想主义。此外，柏拉图式的方法告诉我们眼见不一定为真，要用全新的角度看待问题。

因此，我们必须把理想主义与实用主义结合起来，形成理想主义的实用主义（idealistic pragmatism），在怀抱理想的同时，慎重地认清现实，在内省的同时勇往直前，在为客户着想的同时超越个例，化苦涩为甘甜，持之以恒，孜孜以求，这种态度应该为今后的企业经营者、经营一线以及每个人所共有。

注 释

引言

1. 知識創造および知識経営に関しては、野中郁次郎“知識創造の経営”、野中郁次郎・竹内弘高“知識創造企業”、紺野登“知識資産の経営”、野中郁次郎・紺野登“知識経営のすすめ”等を参照されたい。
2. 藤原正彦「国家の危機は指導者の大局観喪失にあり」“産経新聞”二〇〇二年一二月一八日。
3. コリンズ“ビジヨナリー・カンパニー 2——飛躍の法則”山岡洋一訳。

第一章

1. 木原武一“ぼくたちのマルクス”。
2. 藤澤令夫“藤澤令夫著作集 IV”“プラトン‘イドロス’”註解」
3. 斎藤忍随“プラトン”
4. 山川偉也“古代ギリシアの思想”。
5. プラトン“テアイテトス”田中美知太郎訳の“解説”に基づく。
6. 司馬遼太郎“酔って候”に、“ちょうちん職人”の嘉蔵が見よう見まねで蒸気船を造る話「伊達の黒船」がある。

7. 中岡成文責任編集“新・哲学講義　③知のパラドックス”。
8. 上田閑照“私とは何か”。
9. 西田几多郎在晚年的和歌中曾表达“我内心深处的悲伤和忧愁始终无法抵达”，喜怒哀乐无法抵达的意识最深处就是“无的场”，也是情感的根源。此外，绝对无的场所也与“治愈”相关（花冈永子《绝对无的哲学》）。此处可理解为主体间性的东方话语表述。
10. V. M. Bentz and J. J. Shapiro, *Mindful Inquiry in social Research.*
11. 同（4）。
12. 城戸雪照“場所の哲学”。

第二章

1. Jha, *Reconsidering Michael Polanyi's Philosophy.*
2. 谷徹“これが現象学だ”。
3. 山口一郎“現象学ことはじめ——日常に目覚めること”。
4. 保坂和志“世界を肯定する哲学”。
5. P.L. バーガー、H・ケルナー“社会学再考”森下伸也訳。
6. 佐藤郁哉“フィールドワークの技法——問いを育てる、仮説をきたえる”。
7. 同（6）。
8. 石川淳志・佐藤健二・山田一成“見えないものを見る力”。
9. W.F. ホワイト“ストリート・コーナー・ソサエティ”奥田道大ほか訳。
10. 青木保「巻頭　異文化理解の基礎理論」シュッツ“現象学的社会学”所収。
11. 坂下昭宣“組織シンボリズム論”。
12. 宮本孝二“ギデンズの社会理論”。
13. 同（5）。
14. 小森陽一“いま、宮沢賢治を読みなおす”。

15. 苅谷剛彦“知的複眼的思考法”より筆者要約。

第三章

1. 勝見明「宇井與志男　不常識のすすめ」(取材・文)“リーダーシップ・ストラテジー”。
2. 在《追忆似水年华》中，主人公刚把蘸着热红茶的玛德琳蛋糕放入口中，回忆一下子全部涌现出来，栩栩如生。这是普鲁斯特的作品中的名场景。
3. 没有主语的述语中心的世界是主客未分的、原始的、混沌的场所。中村雄二郎把西田哲学的“场”理论发展为“述语的世界”。
4. 勝見明「野中郁次郎の成功の本質——第三回　松下電器産業　世界初の縦型洗濯乾燥機」“Works”二〇〇二年 Aug. -Sep.
5. 菊池晟“世界の戦車”。
6. 瀬戸賢一“メタファー思考”、野内良三“レトリックと認識”。
7. G. レイコフ、M. ジョンソン“レトリックと人生”渡部昇一訳。
8. G. レイコフ“比喩によるモラルと政治——米国における保守とリベラル”小林良彰・鍋島弘治訳。
9. 同(1)。
10. K.J. ホリオークほか“アナロジーの力”鈴木宏昭ほか訳。
11. 高根正昭“創造の方法学”。
12. 野中郁次郎“経営学ガイドブック　X 行動科学”中、Stinchcomb(1969)による図を一部筆者修正。
13. B.Lawson, *How Designers Think: The Design Process Demystified.*
14. 同右、四つのブロードベントによるデザイン・アプローチ。
15. TRIZ については三菱総合研究所知識創造研究部“図解 TRIZ——革新的技術開発の技法”等を参照されたい。

16. E.F. ストーン“組織行動の調査方法”鎌田伸一・野中郁次郎訳。

17. D. A. Schon. *The Reflective Practitioner: How Professionals Think in Action.*

18. S. Denning, *The springboard: How Storytelling Ignites Action in Knowledge-Era organizations.*

19. 北川廣一「ユーザー像を徹底分析し真コンセプトに昇華」“Business Research”二〇〇一年一〇月、および勝見明「野中郁次郎の成功の本質——第一回　サントリー　カラダ・バランス飲料“DAKARA”」“Works”二〇〇二年Apr. -May.

20. 筆者によるインタビューおよびホンダ「ファクトブック」、長谷川洋三“ホンダのDNA継承術”。

21. S. アリエティ“創造力——原初からの統合”加藤正明。清水博之訳、原題Creativity：*The Magic synthesis*.

22. W. ゴードン“シネクティクス”大鹿譲・金野正訳。

23. M. Csikszentmihalyi,*Creativity: Flow and the Psychology of Discovery and invention.*

第四章

1. *Information Week,* February 9, 1998.

2. L・ガースナー“巨象も踊る”山岡洋一・高橋裕子訳。

3. NHK教育テレビ“21世紀ビジネス塾”二〇〇一年七月二一日放映「ITバブル崩壊後のIT戦略」。

4. J・P・コッター、J.L. ヘスケット“企業文化が高業績を生む”梅津祐良訳。

5. “日経産業新聞”二〇〇二年一〇月七日「キヤノン成長支える“世界一丸主義”」。

6. 金井壽宏“変革型ミドルの探求”など。

参考文献

［1］ 秋元律郎ほか（1990）『社会学入門（新版）』有斐閣新書．

［2］ アリエティ，S.（1980）『創造力——原初からの統合』（加藤正明・清水博之訳）新曜社．

［3］ 親睦人・木村英昭・宝月誠・中野正大・中野秀一郎（1979）『社会学のあゆみ』有斐閣新書．

［4］ Baker, A.（1996）*Storytelling: Art and Technique.* Bowker-Greenwood *Imprint.*

［5］ Bentz, V. M., and J. J. Shapiro（1998）*Mindful Inquiry in Social Research.* SAGE Publication.

［6］ バーガー，P. L.，T. ルックマン（1977）『日常世界の構成——アイデンティティと社会の弁証法』（山口節郎訳）新曜社．

［7］ ——，H. ケルナー（1987）『社会学再考』（森下伸也訳）新曜社．

［8］ Bhaskar, R.（1997）A *Realist Theory of Science.* Verso.

［9］ コリンズ，J.C.（2001）『ビジョナリー・カンパニー 2——飛躍の法則』（山岡洋一訳）日経 BP 出版センター．

［10］ Csikszentmihalyi，M.（1991）*Flow: The Psychology of Optimal Experience*（Reproduction edition）. HarperCollins.

[11] ——— (1997) *Creativity: Flow and the Psychology of Discovery and Invention.* HarperCollins.

[12] Denning, S. (2000) *The Springboard: How Storytelling Ignites Action in Knowledge-Era Organizations.* Butterworth-Heinemann.

[13] デカルト，R. (1997)『方法序説』(谷川多佳子訳) 岩波文庫 .

[14] デューイ，J. (1984)『民主主義と教育』(金丸弘幸訳) 玉川大学出版部 .

[15] ドラッカー，P. F. (1999)『明日を支配するもの』(上田惇生訳) ダイヤモンド社 .

[16] デュルケーム，E.(2000)『自殺論』(宮島喬訳) 中公文庫 .

[17] フランクリン，B. (1957)『フランクリン自伝』(松本慎一ほか訳) 岩波文庫 .

[18] 藤澤令夫 (2001)『藤澤令夫著作集 IV』「プラトン『パイドロス』註解」岩波書店 .

[19] ——— (1998)『プラトンの哲学』岩波新書 .

[20] 福原義春 (2001)『会社人間，社会に生きる』中公新書 .

[21] 源了圓 (1989)『型』創文社 .

[22] ガースナー，L. (2002)『巨象も踊る』(山岡洋一・高橋裕子訳) 日本経済新聞社 .

[23] ゲルウィック，R. (1982)『マイケル・ポラニーの世界』(長尾史郎訳) 多賀出版 .

[24] ゴードン，W. (1968)『シネタティクス』(大鹿譲・金野正訳) ラティス社 .

[25] Greene, E. (1996) *Storytelling: Art and Technique.* Bowker-Greenwood Imprint.

[26] ヘイグ，J. (1978)『理論構築の方法』(小松陽一・野中郁次郎訳) 白桃

書房.

[27] 花岡永子(2002)『絶対無の哲学——西田哲学研究入門』世界思想社.

[28] 早川操(1994)『デューイの探究教育哲学——相互成長をめざす人間形成論再考』名古屋大学出版会.

[29] 長谷川宏(1999)『ヘーゲル「精神現象学」入門』講談社選書メチエ.

[30] 長谷川洋三(2002)『ホンダのDNA継承術』日経ビジネス人文庫.

[31] 橋本治(2001)『「わからない」という方法』集英社新書.

[32] 畑村洋太郎(2000)『失敗学のすすめ』講談社.

[33] ホランド, J. H., ほか(1991)『インダクション』(市川伸一ほか訳)新曜社.

[34] ホリオーク, K. J., ほか(1998)『アナロジーの力』(鈴木宏昭ほか訳)新曜社.

[35] ホンダ「ファクトブック」(本田技研工業).

[36] 保坂和志(2001)『世界を肯定する哲学』ちくま新書.

[37] フッサール, E.(1995)『ヨーロッパ諸学の危機と超越論的現象学』(細谷恒夫・木田元訳)中公文庫.

[38] 市川伸一(1997)『考えることの科学——推論の認知心理学への招待』中公新書.

[39] 飯島昭男「リーダーの研究　人物をどう見分けるか」『WEDGE』2003年3月.

[40] 今田高俊(2000)『社会学研究法リアリティの捉え方』有斐閣アルマ.

[41] ジェイムズ, W.(1957)『プラグマティズム』(桝田啓三郎訳)岩波文庫.

[42] Jha, S. R.(2002) *Reconsidering Michael Polanyi's Philosophy.* University of Pittsburgh Press.

[43] 加護野忠男・野中郁次郎・榊原清則・奥村昭博(1983)『日米企業の経

営比較——戦略的環境適応の理論』日本経済新聞社.
[44] 金井壽宏（1991）『変革型ミドルの探求——戦略・革新志向の管理者行動』白桃書房.
[45] 苅谷剛彦（1996）『知的複眼思考法』講談社.
[46] 加藤寛一郎（1995）『零戦の秘術』講談社＋α 文庫.
[47] 勝見明（2002）「宇井與志男　不常識のすすめ」（取材・文）『リーダーシップ・ストラテジー』2002 年春（第 1 巻第 1 号），ダイヤモンド社.
[48] ———「野中郁次郎の成功の本質——第一回　サントリー　カラダ・バランス飲料『DAKARA』」『Works』2002 年 Apr.-May.
[49] 木田元（監修）（2001）『朝日キーワード　哲学』朝日新聞社.
[50] 城戸雪照（2003）『場所の哲学』文芸社.
[51] 木原武一（1995）『ぼくたちのマルクス』筑摩書房.
[52] 菊池晟（1976）『世界の戦車』平凡社カラー新書.
[53] 北川廣一「ユーザ^一像を徹底分析し真コンセプトに昇華」『Business Research』2001 年 10 月.
[54] 小森陽一（2001）『いま，宮沢賢治を読みなおす』川崎市生涯学習振興事業団かわさき市民アカデミー出版部（かわさき市民アカデミー講座ブックレット No.7）.
[55] コイレ，A.（1972）『プラトン』（川田殖訳）みすず書房.
[56] 紺野登（1998）『知識資産の経営』日本経済新聞社.
[57] ———・野中郁次郎（1995）『知力経営——ダイナミックな競争力を創る』日本経済新聞社.
[58] コッター ,J.P.,J.L. ヘスケット（1994）『企業文化が高業績を生む』（梅津祐良訳）ダイヤモンド社.
[59] Lawson, B.（1997）*How Designers Think: The Design Process Demystified.*

Architectural Press.

[60] Lawson, T. (1998) "Critical Issues in Economics as Realist Social Theory," in S. Fleetwood (ed.) ,*Critical Realism in Economics.*Routledge.

[61] レイコフ，G. (1998)『比喩によるモラルと政治——米国における保守とリベラル』(小林良彰・鍋島弘治朗訳) 木鐸社 .

[62] ———，M. ジョンソン (1986)『レトリックと人生』(渡部昇一訳) 大修館書店 .

[63] マルクス，K. (1964)『経済学・哲学草稿』(城塚登・田中吉六訳) 岩波文庫 .

[64] ——— (1969)『資本論』(向坂逸郎訳) 岩波文庫 .

[65] マズロー，A. (2001)『完全なる経営』(金井壽宏・大川修ニ訳) 日本経済新聞社 .

[66] McKenna, P., and David Maister (2002) *First Among Equals: How to Manage a Group of Professionals.* Free Press.

[67] 三菱総合研究所知識創造研究部 (1999)『図解 TRIZ——革新的技術開発の技法』日本実業出版社 .

[68] 宮本孝ニ (1998)『ギデンズの社会理論』八千代出版 .

[69] Moustakas, C. (1994) *Phenomenological Research Methods.* SAGE Publications.

[70] 中岡成文責任編集 (1998)『新・哲学講義　③知のパラドックス』岩波書店 .

[71] 中村雄ニ郎 (1998)『述語的世界と制度——場所の論理の彼方へ』岩波書店 .

[72] 中埜肇 (1973)『弁証法』中公新書 .

[73] 西田幾多郎 (1979)『善の研究 (改版)』岩波文庫 .

[74] ——— (1987)『自覚における直観と反省』『西田幾多郎哲学論集 I 』(上田閑照編) 岩波文庫，所収 .
[75] 新田義弘 (1992)『現象学とは何か』講談社学術文庫 .
[76] 野田又夫 (1966)『デカルト』岩波新書 .
[77] 野中郁次郎 (1995)『アメリカ海兵隊——非営利型組織の自己革新』中公新書 .
[78] ——— (1979)『経営学ガイドブック　X 行動科学』白桃書房 (南山大学経済経営学会編) .
[79] ——— (1990)『知識創造の経営』日本経済新聞社 .
[80] ———・竹内弘高 (1995)『知識創造企業』東洋経済新報社 .
[81] ———・紺野登 (1999)『知識経営のすすめ』ちくま新書 .
[82] 野内良三 (2000)『レトリックと認識』NHK ブックス .
[83] 沼上幹 (2000)『行為の経営学——経営学における意図せざる結果の探究』白桃書房 .
[84] ——— (1999)『液晶ディスプレイの技術革新史』白桃書房 .
[85] 折原浩 (1981)『デュルケームとウェーバー』三一書房 .
[86] パース，G.S. (1980)『論文集』(上山春平・山下正男訳)『世界の名著 59　パース　ジェイムズ　デューイ』中公バックス，所収 .
[87] プラトン (1966)『テアイテトス』(田中美知太郎訳) 岩波文庫 .
[88] ——— (1975)『ティマイオス』(種山恭子訳)『プラトン全集 12 』(田中美知太郎・藤澤令夫編) 岩波書店，所収 .
[89] ——— (1979)『国家 (上・下)』(藤澤令夫訳) 岩波文庫 .
[90] ———(1998)『パイドン——魂の不死について』(岩田靖夫訳) 岩波文庫 .
[91] ポラニー，M. (1980)『暗黙知の次元——言語から非言語へ』(佐藤敬三訳) 紀伊國屋書店 .

[92] ポパー，K.（1980）『開かれた社会とその敵（第 1 部）』（内田詔夫・小河原誠訳）未来社 .

[93] リーゼンフーバー，K.（2000）『西洋古代・中世哲学史』平凡社 .

[94] ロウ，P.G.（1990）『デザインの思考過程』（奥山健二訳）鹿島出版会（SD ライブラリー）.

[95] 斎藤忍随（1997）『プラトン』講談社学術文庫 .

[96] 坂下昭宣（2002）『組織シンボリズム論　論点と方法』白桃書房 .

[97] 佐藤郁哉（2002）『フィールドワークの技法——問いを育てる，仮説をきたえる』新曜社 .

[98] ———（2002）『組織と経営について知るための実践フィールドワーク入門』有斐閣 .

[99] Schon, D. A.（1983）*The Reflective Practitioner: How Professionals Think in Action.* Basic Books.

[100] 下田直春（1994）『社会理論と社会的現実　社会学的思考のアクチュアリティ』新泉社 .

[101] シュッツ，A.（1980）『現象学的社会学』（森川眞規雄・浜日出夫訳）青木保「巻頭　異文化理解の基礎理論」紀伊國屋書店（文化人類学叢書）.

[102] シービオク，T.A.，J. ユミカー - シービオク（1994）『シャーロック・ホームズの記号論——C.S. パースとホームズの比較研究』（富山太佳夫訳）岩波書店（同時代ライブラリー）.

[103] 妹尾大・阿久津聡・野中郁次郎（2001）『知識経営実践論』白桃書房 .

[104] 瀬戸賢一（1995）『メタファー思考』講談社現代新書 .

[105] 司馬遼太郎（1975）『酔って候』文春文庫 .

[106] ———（1990）『手掘り日本史』文藝春秋 .

[107] Sica, A. (Editor)(1998) *What Is Social Theory?: The Philosophical Debates.* Blackwell Publishers.

[108] シュル，P.M. (1985)『プラトン　作品への案内』(花田圭介訳) 岩波書店 .

[109] Stinchcombe, A. (1969) *Constructing Social Theories.* The University of Chicago Press.

[110] ストーン，E.F. (1980)『組織行動の調査方法』(鎌田伸一・野中郁次郎訳) 白桃書房 .

[111] 鈴木道彦 (2001)『ブルーストを読む』集英社新書 .

[112] 高根正昭 (1979)『創造の方法学』講談社現代新書 .

[113] 谷徹 (2002)『これが現象学だ』講談社現代新書 .

[114] 冨田恭彦 (1994)『クワインと現代アメリカ哲学』世界思想社 .

[115] 上田閑照 (2000)『私とは何か』岩波新書 .

[116] ウェーバー，M. (1989)『プロテスタンティズムの倫理と資本主義の精神』(大塚久雄訳) 岩波文庫 .

[117] ホワイト，W.F. (2000)『ストリート・コーナー・ソサエティ』(奥田道大ほか訳) 有斐閣 .

[118] 山口一郎 (2002)『現象学ことはじめ——日常に目覚めること』日本評論社 .

[119] 山川偉也 (1993)『古代ギリシアの思想』講談社学術文庫 .

[120] 山之内靖 (1997)『マックス・ヴェーバー入門』岩波新書 .